ICONOS DE ESTILO

ICONOS DE ESTILO

DE CLEOPATRA A ZENDAYA

EREA LOURO

PLAZA JANÉS

Papel certificado por el Forest Stewardship Council®

MIXTO
Papel | Apoyando la silvicultura responsable
FSC® C117695

Penguin Random House Grupo Editorial

Primera edición: mayo de 2025

Printed in Spain — Impreso en España

ISBN: 978-84-01-03387-2
Depósito legal: B-4563-2025

Compuesto en M. I. Maquetación, S. L.

Impreso en Gráficas 94, S. L.
Sant Quirze del Vallès (Barcelona)

L 0 3 3 8 7 2

A todas las mujeres que me inspiran

La moda, que los espíritus superficiales miran como cosa frívola, encierra un sentido profundo, que no han desdeñado tomar en cuenta sabios y psicólogos para completar los estudios sociológicos más serios, demostrando así que hasta en las cosas que aparecen más triviales hay algo oculto, desconocido, que las agiganta y las ennoblece. [...] Algo muy importante, muy recóndito, capaz de revelar por sí solo toda el alma de una época, todas las costumbres y todo el espíritu de un pueblo. En este caso está el arte de la indumentaria: la moda.

Carmen de Burgos (Colombine), 1929

ÍNDICE

PRÓLOGO

Desde el primer trazo de kohl en los ojos de Cleopatra hasta las Converse desgastadas de Zendaya, la historia del estilo es también la historia de la humanidad. Vestirse nunca ha consistido únicamente en una necesidad: supone, además, un acto de expresión, un lenguaje silencioso que revela aspiraciones, rebeldías y sueños. A través de tejidos, cortes y colores, generaciones enteras han contado quiénes eran —y quiénes querían ser— al mundo que las observaba.

Hablar de estilo va mucho más allá de la moda. Es hablar de una energía que no se puede fingir, de una forma de expresarse que no necesita palabras. Reúne intuición, sensibilidad, carácter. El estilo, cuando es auténtico, ofrece un reflejo del alma: un espejo que dice quién eres, incluso cuando aún no lo tienes del todo claro.

Este libro nace de la fascinación por aquellas figuras que, a lo largo de la historia, usaron la estética como una herramienta de poder. No solo como adorno, sino como lenguaje, escudo o provocación. Mujeres que entendieron que la ropa podía ser mucho más que vestimenta y la convirtieron en una revolución elegante, una forma de ser escuchadas en un mundo que muchas veces no quería hacerlo.

A lo largo de sus páginas homenajeo a esas mujeres que transformaron la ropa en arte, el gesto en manifiesto y el estilo en legado. No se trata solo de modas pasajeras ni de tendencias efímeras, sino de presencias que marcaron un antes y un después. Ellas —desde pasarelas, palacios, escenarios o calles— redefinieron el significado de estilo dejando una huella imborrable en la cultura visual de su tiempo… y del nuestro.

Esta obra propone un recorrido por la historia de la moda a través de veinte iconos eternos. Cada uno de ellos encarna una época, una estética, una forma de estar en el mundo, y nos permite comprender cómo la vestimenta ha evolucionado a lo largo de los siglos. Las elecciones de estas mujeres —conscientes o impuestas— nos hablan de los códigos sociales de cada tiempo, de los límites y las libertades de lo femenino, y el modo en que han buscado constantemente reescribirse con los medios que tenían a su alcance.

Nos acompañan en este viaje, entre otras, María Antonieta, que desató pasiones y odios con cada bordado de su corsé; Brigitte Bardot, que hizo de su sensualidad una bandera; Carolyn Bessette-Kennedy, que demostró que la simplicidad puede ser tan impactante como el exceso, o Diana de Gales, que con cada look nos hablaba de su transformación personal: de princesa a mujer libre, de icono a ser humano.

La historia, el público y la prensa las observó con una lupa feroz. Muchas de ellas fueron incomprendidas, incluso ridiculizadas. Se las criticó por vestirse «demasiado poco» o «demasiado bien» y se las tachó de frívolas y superficiales por preocuparse de su imagen. Como si vestir bien les restara profundidad o las incapacitara para ser inteligentes y tener pensamientos propios; negándoles, a fin de cuentas, el deseo profundamente humano de expresarse tal y como eran.

Y es que —pese a la fama o el éxito del que gozaron— la mayoría fueron perseguidas, criticadas con saña, acosadas por una opinión pública que no les perdonaba ser mujeres visibles y complejas. Sus gestos eran diseccionados, sus silencios interpretados y sus cuerpos juzgados sin tregua. Fueron señaladas por sus gustos, sus profesiones y también por sus elecciones sentimentales. Toda excusa era válida para hacerles daño.

Al ahondar en sus vidas, descubrí que detrás de los cegadores focos que tantos envidiaban se escondían la oscuridad y un precio alto, demasiado alto. Y terminé con una tristeza difícil de sacudirme al comprender cuánto dolor, cuánta soledad y cuánta incomprensión sufrieron esas mujeres a las que el mundo entero miraba con fascinación, pero rara vez con verdadera empatía. Bajo la superficie satinada y brillante del glamour, muchas veces se ocultaban heridas profundas que nunca cicatrizaron del todo.

Y, sin embargo, en medio de ese juicio constante, muchas de ellas encontraron fuerza. Resistieron, evolucionaron, brillaron. Por eso hoy, décadas o siglos después, seguimos hablando de ellas no por lo que llevaban puesto —al menos no solo por ello— sino por todo lo que representan. Porque el estilo verdadero no envejece: se transforma en símbolo, en influencia, en legado.

No encontrarás aquí una lista de las «mejor vestidas» ni una galería de nostalgia. Este libro es una carta de admiración que propone una mirada diferente sobre esas pioneras que marcaron el rumbo, a veces desde la opulencia, a veces desde la discreción, pero siempre con intención. Y, al mismo tiempo, es una reivindicación: un merecido reconocimiento a aquellas que usaron la estética como herramienta creativa, política o emocional, y que por eso mismo fueron juzgadas.

Personalmente, siempre me intrigó esa contradicción. Desde pequeña, me fascinaban las revistas de moda, los archivos visuales, los gestos sutiles de las mujeres con estilo. Pero también me incomodaba ver cómo se desestimaba esa pasión con condescendencia. Me molestaba escuchar que interesarse por el estilo era sinónimo de vacuidad. Como si el buen gusto, la creatividad o el cuidado personal no mereciesen un lugar en las grandes conversaciones. Así que este libro es, en parte, mi respuesta a esos prejuicios y mi contribución para poner sobre la mesa lo que muchos ya sabemos: que el estilo es una forma de inteligencia, una forma de lucha, una forma de amor propio.

Las mujeres que habitan estas páginas provienen de siglos distintos, de contextos históricos muy variados y de cánones de belleza completamente diferentes. Lo que se consideraba elegante en la corte de Versalles poco tiene que ver con el minimalismo de los años noventa o la innovación contemporánea de una alfombra roja. Cada una de ellas representa un momento específico y una estética propia de su época. Sin embargo, es justo reconocer que muchas de ellas responden a un ideal normativo de belleza: delgado, blanco, occidental. Este hecho no significa en absoluto que no haya existido estilo más allá de esas coordenadas, sino que admite las limitaciones históricas que han hecho que, a lo largo de los siglos la visibilidad y el reconocimiento hayan sido privilegios normalmente reservados a unos perfiles concretos, que son los que han llegado a nuestros días. Resulta muy evidente sobre todo en mundos como los del espectáculo, la moda o el cine, donde han imperado ciertos cánones. Este libro refleja, en parte, esa realidad. Pero también celebra que eso está cambiando. Hoy, voces cada vez más diversas reclaman su lugar como referentes de estilo, rompiendo barreras, ampliando imaginarios y transformando lo que entendemos por elegancia, belleza y presencia. El estilo ya no es patrimonio exclusivo de unos pocos: es una conversación abierta, rica y cada vez más inclusiva.

Hecha esta aclaración, me gustaría añadir que considero que eso no resta mérito alguno a estas maravillosas mujeres que no ostentaron el poder de decidir sobre dichos cánones y que a menudo lucharon contra ellos. La elección de estos veinte iconos no ha sido casual, pues la suma de todos ellos nos permite recorrer la historia de la moda a través de las distintas épocas y de formas únicas de habitar el cuerpo y el mundo, desde sus inicios más encorsetados hasta su expresión más libre y contemporánea. Algunas, como Audrey Hepburn, forman parte del imaginario colectivo; sabemos mucho de ellas, o creemos saberlo. Otras, como Cléo de Mérode o Louise Brooks, han quedado en los márgenes, pese a haber sido figuras clave en su tiempo. He querido incluir mujeres de distintos ámbitos —bailarinas, actrices, reinas, modelos e incluso activistas como Gloria Steinem— porque los iconos pueden surgir en todos los ámbitos, incluso de los más inesperados. Soy consciente de que muchas otras mujeres podrían haber engrosado esta nómina y con honores más que sobrados para ello. Sin embargo, me he permitido escribir sobre aquellas que más me resuenan, con las que siento una conexión personal, estética o emocional. Porque *Iconos de estilo* es también un homenaje a su legado: a lo que llevaron puesto, sí, pero sobre todo a lo que dejaron encendido.

EREA LOURO

CLEOPATRA

EL MITO HECHO MUJER

«La edad no puede marchitarla ni arranciar
la costumbre su variedad infinita.
Otras mujeres empalagan los apetitos
que alimentan, pero ella más los despierta
cuanto más los satisface…».

William Shakespeare

Cleopatra VII levantó un imperio y lo perdió. Todo. Subió al trono con solo dieciocho años y su ascenso fue fulgurante, como una estrella fugaz. En los veintidós años que gobernó, dejó su huella en la historia por sus grandes dotes como estratega política y también como un icono de estilo cuya influencia ha trascendido el tiempo. Poetas, dramaturgos, historiadores y cineastas de todas las épocas han abordado su figura y nuestra idea sobre ella ha quedado condicionada para siempre por sus relatos.

El nombre de Cleopatra evoca imágenes de lujo dorado, ojos delineados como alas de halcón y atuendos que parecen fluir como el Nilo mismo, tejiendo una narrativa de poder y seducción. Al pensar en ella, la imaginamos con un cierto aspecto y una vestimenta, pero lo cierto es que con el hundimiento de su palacio se perdió casi toda la información existente sobre ella. ¿Cómo es posible entonces que la leyenda de su belleza haya alcanzado nuestro siglo? ¿Por qué su estilo ha llegado hasta nuestros días y las mujeres siguen buscando inspiración en Cleopatra? El suyo es, probablemente, el mayor ejemplo de influencia a lo largo del tiempo y un fenómeno que tiene más que ver con el mito que con la historia.

La reina más poderosa de su tiempo —y quizá la primera en amasar tanto poder, riqueza y prestigio— era una mujer culta, capaz de hablar varios idiomas y con formación en música, ciencia y filosofía. Su labor al frente del imperio fue destacada: alivió el hambre de su pueblo, controló insurrecciones con firmeza y forjó buenas alianzas. Sin embargo, siempre ha sido presentada al mundo como una gran manipuladora, frívola y seductora. Por desgracia, este es un patrón que se repite con muchos de los iconos de este libro. En los relatos que nos han llegado de muchas de estas figuras históricas no se habla de éxito o de poder, sino que se pone el acento en aspectos superfluos. Quienes han tenido la posibilidad de contar la historia, han escogido crear personajes planos y con pocos matices...

Traicionera, sanguinaria, envenenadora... son algunos de los adjetivos que han acompañado a Cleopatra a lo largo de los siglos. Ya los primeros historiadores clásicos, vinculados a Roma, apostaron por la exageración de sus defectos con la intención de perjudicar su imagen futura. Paradójicamente, el vacío documental que existe sobre su reinado mezclado con la hipérbole y el misterio en torno a su figura, consiguieron el efecto contrario: engrosaron su leyenda hasta transformarla en una estrella de Hollywood. Un icono fascinante que incluso hoy sigue ejerciendo su poder de atracción.

«Nefertiti es un rostro sin reina y Cleopatra es una reina sin rostro», dijo André Malraux, y esta es otra de las claves fundamentales en la construcción del mito. Las primeras fuentes no la consideraban muy bella. Plutarco escribió: «La belleza de Cleopatra no era, en sí misma, excesivamente exuberante como para subyugar a primera vista. Era más bien su trato el que tenía un punto irresistible». De su hermosura comenzó a hablarse con el paso del tiempo, y fue a partir del siglo III cuando empezaron a referirse a ella como «la más bella de las mujeres».

Apenas quedan representaciones que nos permitan imaginar cuál era su aspecto real. La única prueba fehaciente que conservamos de su imagen son los retratos que aparecen en las monedas acuñadas en la época y que fueron aprobadas por Cleopatra. En ellas puede apreciarse una belleza poco convencional —con una nariz un poco aguileña, ojos grandes, mentón afilado y pequeño y frente alta—, muy diferente a la construida más adelante.

Se han encontrado también por todo Egipto imágenes que se piensa que fueron creadas en su honor, pero nos dicen poco acerca de su fisonomía ya que el estilo egipcio era más bien simbólico y todos los faraones y reinas solían tener rasgos similares, porque su misión no consistía en retratarlos, sino que estaban destinadas a alabar el poder de un imperio con tres mil años de historia.

Otro de los rasgos sobre el que se ha debatido mucho es el tono de su piel. Generalmente se ha considerado que los gobernantes del Antiguo Egipto eran de piel oscura, pero en su caso no está nada claro ya que Cleopatra pertenecía a la dinastía ptolemaica, de origen griego. Y aunque existen ciertas lagunas en su árbol genealógico, lo más probable, si hacemos caso a las descripciones de la época, es que su piel fuera «color miel».

Las representaciones más realistas a las que podemos acudir son las estatuas romanas que se han encontrado de ella; no olvidemos que, durante el tiempo que estuvo casada con César, vivió en Roma. En el Altes Museum (Alemania) se conserva un busto de mármol que data del siglo I a.C. en el que vemos a una Cleopatra ataviada con una diadema real helenística, el pelo ligeramente ondulado y recogido con un peinado al estilo «melón» (dividido en partes desde la frente hacia atrás). Su nariz es prominente y sus ojos almendrados. Presenta un aspecto similar al de otro de los bustos de mármol hallados en el que, aunque le falta la nariz, tanto los rasgos como el peinado son muy semejantes. Sin embargo, ninguno de ellos se corresponde con la idea que ha quedado en nuestro imaginario colectivo, y esto quizá se deba a que Cleopatra mezclaba los estilos grecorromano y egipcio.

En el Antiguo Egipto las clases adineradas llevaban pelucas de auténtico cabello humano y el pelo negro brillante se consideraba juvenil, por lo que es muy probable que Cleopatra llevase también ese peinado de media melena lisa en un negro azabache con la que estamos acostumbrados a relacionarla.

La vestimenta de una reina era importante y, en el caso de Cleopatra, se convirtió en otro de sus puntos fuertes. Como no podía ser de otra forma en una mujer tan inteligente como ella, parece que elegía sus prendas mezclando estilos, seguramente como parte de su estrategia política. Es habitual verla representada con el pecho descubierto, a la manera tradicional egipcia, y parece que realmente podría haber aparecido así en alguna celebración con el fin de ganarse a sus súbditos. Y es que, durante más de un siglo, fue habitual en el Antiguo Egipto que hombres y mujeres dejaran sin cubrir la parte superior del cuerpo y solo vistieran el *schenti*, una especie falda que llegaba hasta las rodillas y se ataba a la cintura. Más tarde adoptaron el *kalasiris* (más parecido a un vestido) y la túnica, que fueron adaptando y modificando a su gusto.

Los Ptolomeos solían llevar túnicas de lino, tejido muy fresco y bastante transparente, que se producía en las orillas de su río sagrado: el Nilo. Además, adornaban sus cabezas con diademas y cintas y, en el caso de las mujeres de la realeza ptolemaica, añadían joyas muy similares a las griegas o a las de Oriente Próximo. Debido a esa herencia griega, también era común verlas con vestidos drapeados al estilo del quitón griego, que solían cubrir un solo hombro, los cuales realzaban la figura y daban un aura de diosa.

Lo más probable es que, durante su matrimonio con Julio César, Cleopatra adaptara su modo de vestir a la tradición romana con túnicas que ocultaran mucho más su cuerpo. En ese momento lo habitual era ajustarlas con un cinturón y sujetarlas con una cinta o broche bajo el pecho. El conjunto se completaba con una capa transparente y una especie de chal que cubría los hombros.

El estatus real se manifestaba sobre todo a través de los accesorios, especialmente joyas, que es donde la realeza y las clases altas podían diferenciarse de los demás. Cleopatra conocía muy bien el poder de una buena pieza de joyería, por eso en sus apariciones nunca faltaban grandes collares dorados, brazaletes con piedras preciosas, tobilleras con forma de serpiente... todo lo necesario para transmitir su riqueza y su poder. La importancia de las joyas era tal que reinas y faraones se enterraban con sus piezas más preciadas con el fin de que los protegieran en la travesía final hacia el mundo de los muertos, como el Ojo de Horus, pero también que los acompañaran al otro lado. La tumba de Cleopatra no se ha encontrado aún y su ubicación sigue siendo todo un misterio, por lo que el mito se intensifica.

Como faraona, podía llevar tocados que simbolizaban su autoridad divina. En los relieves encontrados en los templos egipcios aparece representada llevando el tradicional vestido de lino hasta los tobillos y con el pecho al descubierto, varios collares de gran tamaño y un tocado con forma de buitre con dos alas que cuelgan a ambos lados de la cabeza, o con el tocado que representaba a la diosa Isis, con la que solía identificarse.

Egipto contaba con una gran variedad de cosméticos cuando comenzó su reinado. Seleccionaban plantas y minerales con los que creaban maquillajes, así como todo tipo de productos destinados a protegerse del clima adverso. Las mujeres adineradas solían ponerse sombras azules y verdes en los ojos añadiendo a veces partículas de pirita dorada. Oscurecían sus cejas y pestañas con kohl negro, que servía también para proteger los ojos del sol. En los labios usaban un tipo de arcilla roja, y empleaban la henna para pintarse las uñas y adornarse las manos con variados diseños.

Cuenta la leyenda que Cleopatra mantenía una gran cantidad de burras en sus establos con el propósito de obtener leche fresca a diario. De acuerdo con la tradición, la reina se sumergía durante horas en largos baños de leche que ayudaban a suavizar su piel, aclarar el cutis y preservar su legendaria belleza. A menudo se menciona que la leche se mezclaba con miel o aceites esenciales, potenciando así sus efectos nutritivos y humectantes. Si bien no existen pruebas arqueológicas directas que confirmen dicha práctica, la constancia en las menciones históricas ha logrado que esta historia sea ampliamente aceptada como parte del folclore en torno a su figura, y ha contribuido a consolidar su imagen como una mujer adelantada a su tiempo en cuanto a cuidados cosméticos y como símbolo de la sofisticación y el lujo de la corte ptolemaica.

En realidad, Cleopatra no inventó un estilo —pues todo lo que conocemos de ella es parecido al de otras mujeres ricas de la época—, pero no cabe duda de que supo elevarlo y sacarle el mayor partido. Tenía vestidos de lino blanco y lujosos trajes de noche, prendas sencillas que ella potenciaba con los mejores complementos, su peinado, el maquillaje y por medio de su actitud. Desde mi punto de vista, esa sigue siendo una gran clave de estilo.

La figura de Cleopatra está rodeada de muchas historias jugosas, con todos los ingredientes para convertirse en la protagonista de una leyenda: juegos de poder, envenenamientos, relaciones incestuosas, traiciones, suicidio. Son incontables los relatos sobre ella, y sus detractores se emplearon a fondo en airearlas.

Una de las escenas más conocidas y que ha pasado a la historia del cine es su estrategia para «seducir» a Julio César. Cuentan que se coló a escondidas en sus aposentos envuelta en una alfombra, logrando así su objetivo de unir los Imperios romano y egipcio en una relación muy criticada. Siendo honestos, resulta difícil imaginarse a la reina de Egipto en dicha situación, pero la leyenda ha llegado así hasta nuestros días.

En su *Historia natural*, Plinio el Viejo relata otro de esos episodios fabulosos. Parece que Marco Antonio retó a Cleopatra a preparar el más lujoso banquete. Ambos adoraban la ostentación y Cleopatra ideó una puesta en escena espectacular para impresionarle. Lo recibió con el par de perlas más grandes del mundo en sus orejas, ordenó a sus esclavos que sirvieran la mesa y trajeron un cuenco de vinagre ante un desconcertado Marco Antonio. Entonces ella se despojó de una de las perlas y la introdujo en el vinagre para que se disolviera antes de beberse el elixir resultante, logrando una vez más el objetivo de sorprender a su amante. El historiador romano remata la anécdota con la siguiente lindeza: «Esta cortesana regia, inflada de vanidad y arrogancia desdeñosa, fingía tratar toda esta suntuosidad y todos estos vastos preparativos con el mayor desprecio».

Ciertas o no estas historias, de lo que no cabe duda es de que la poderosa Cleopatra no se doblegó y consiguió que dos de los hombres más poderosos de Roma se unieran sentimentalmente a ella. Eso hizo que siempre hubiera muchos detractores dispuestos a difundir cualquier relato morboso que se contase sobre ella. Se decía que era tan traicionera que Marco Antonio no podía fiarse de ella y mandaba probar su comida para evitar ser envenenado. Fue dueña de su vida hasta el final, para el que eligió otra de esas imágenes icónicas que han quedado para siempre. Sitiada en Alejandría por las tropas de Octavio, se quitó la vida junto a dos de sus sirvientas haciéndose morder en el pecho por un áspid. Prefirió morir a la humillación de ser capturada.

Como en tantos otros episodios de su vida, las fuentes históricas ofrecen distintas versiones, a menudo contradictorias entre sí, lo que no ha impedido que el suicidio de Cleopatra, tan rico en simbolismo, haya ocupado un lugar destacado en la historia del arte. Entre los muchos pintores que retrataron ese instante, mi obra favorita es *La muerte de Cleopatra* de Achille Glisenti. Todo ese imaginario de la serpiente, las esclavas, el seno desnudo... ha contribuido sin duda a la erotización de su figura que ha sido insistentemente representada con el pecho descubierto cuando lo más probable es que apareciera así en público en contadas ocasiones, si acaso lo hizo alguna vez.

Todos esos ingredientes han hecho que la fascinación por Cleopatra no se haya interrumpido con el paso de los siglos. Muchos pintores intentaron representarla y, aunque lo hacían con su visión y muchas veces con los rasgos de sus coetáneas, la simbología que rodea a Cleopatra es tan característica y potente que es muy fácil identificar quién es la retratada sin leer siquiera el título de la obra.

Su figura no ha dejado de estar presente de un modo u otro en todas las épocas, sirviendo de inspiración a infinidad de artistas. Gracias a Cleopatra, Shakespeare creó uno de sus dramas más exitosos y muchos poetas le compusieron versos, entre ellos Rubén Darío. Carlos Primo, en un ensayo muy interesante titulado *Las máscaras de Cleopatra*, analiza, recorriendo la obra de pintores y escritores, cómo la proyección de los deseos masculinos ha derivado en la construcción de una *femme fatale* que poco tiene que ver con la realidad. El componente estético tenía gran relevancia y por eso me llamó especialmente la atención el caso de *Une nuit de Cléopâtre* de Théophile Gautier, obra en la que se describe con todo detalle su vestimenta, al estilo de las primeras revistas de moda, a sabiendas de que a muchas lectoras les interesaría conocer todos los estilismos en profundidad.

Como consecuencia de los descubrimientos arqueológicos, las expediciones de Napoleón a Egipto, o la llegada de objetos al Museo Británico, surgió la *egiptomanía*, y esa fascinación de europeos y americanos por el Antiguo Egipto provocó un nuevo resurgir de la leyenda de Cleopatra que se manifestó en todas las artes.

La idea de Cleopatra como icono de estilo, tal como hoy lo conocemos, alcanzó su primer pico en el Renacimiento. La élite artística del momento se obsesionó con la reina egipcia y esto hizo que las tendencias de la época recogieran varios elementos inspirados en ella. Siglos más tarde, en plena época victoriana, resurgió con fuerza. De nuevo, vestidos y joyas incorporaron en sus diseños elementos grecorromanos y egipcios, como los jeroglíficos. La fiebre alcanzó incluso a la propia reina Victoria, una de las mayores admiradoras de su homóloga egipcia.

La llegada del cine a principios del siglo xx despertó el interés de los directores por Cleopatra, a la que consideraron un personaje muy jugoso. En 1917, Theda Bara aceptó el papel de la reina egipcia en un filme de Gordon Edwards basado en la obra de Shakespeare *Antonio y Cleopatra*. Su propuesta añadía el toque orientalista que tan de moda estaba en la época. El sensual vestuario y las escenas subidas de tono hicieron que la película fuese censurada tiempo después por Hollywood, lo que llevó a la destrucción de las copias de la película, de la que solo se han salvado algunas escenas y unas potentes fotografías.

Cecil B. DeMille estrenó su propia *Cleopatra* en 1934. En esta ocasión, el personaje se sube a los cánones de la época, con rasgos de las *femmes fatales* de los años treinta: cejas depiladas, maquillaje con los labios muy perfilados y un vestuario mucho más ceñido al cuerpo. También la maravillosa Vivien Leigh encarnó a la soberana de Egipto en otra mítica adaptación llevada a cabo por Gabriel Pascal en 1945, en la que el trabajo de vestuario se adapta a los estándares de la nueva década potenciando el busto y estrechando la cintura.

Pero si hay una Cleopatra en el cine que todos recordamos no es otra que la de la adaptación de 1963 de Joseph L. Mankiewicz. El filme convirtió a Elizabeth Taylor en la actriz más famosa de Hollywood, y es que era una estrella dando vida a otra, como si de una reencarnación se tratara. El rodaje de la película, que tuvo que filmarse en dos partes con dos directores, sufrió todo tipo de vicisitudes, casi todas relacionadas con la actriz, que cayó enferma y a punto estuvo de morir. Harta del trato que daban los estudios a sus intérpretes femeninas, Taylor pidió un millón de dólares por su trabajo. Los constantes rumores de adulterio entre ella y

Richard Burton —Marco Antonio en la cinta—, así como sus continuas discusiones llenaron páginas y páginas de las revistas. La suma de todo ello hizo que el rodaje durara mucho más de lo esperado, disparando los sobrecostes de esta lujosa producción, que terminó convirtiéndose en la más cara hasta la fecha. Parecía como si el fantasma de Cleopatra se hubiera aparecido para deshacer en vinagre la perla de Hollywood.

El trabajo de vestuario en esta película es un ejercicio de ostentación impresionante y ganó un merecidísimo Oscar. Elizabeth Taylor lleva sesenta y cinco looks diferentes y, aunque en el montaje final solo aparecen la mitad de ellos, entraron en el libro Guinness de los récords. El más famoso sin duda alguna es el «look Phoenix», conformado por un vestido dorado y una capa de oro de 24 quilates que representan las plumas del ave fénix, mientras que en la cabeza lleva un enorme tocado con serpientes en honor al dios del Sol. A este espectacular vestido se sumó el talento, la belleza y los ojos violetas —otro mito— de Elizabeth Taylor, que hicieron el resto.

A pesar de que la película fue un éxito rotundo en taquilla, no logró recaudar la cifra invertida. Su estreno provocó un nuevo resurgir del estilo egipcio encarnado en nuestro primer icono de la historia, sirviendo de inspiración tanto para los diseñadores como para las mujeres de la década.

Sucede algo curioso y es que, a pesar de que la temática egipcia ha estado tan explotada que acabó convirtiéndose en un cliché propio de un disfraz de poca calidad que encontramos en cualquier bazar, Cleopatra nunca ha dejado de ser un referente indiscutible para los grandes creadores de moda como John Galliano, que en 2004 presentó una increíble colección de alta costura que hubiera enamorado a la mismísima faraona.

Es posible que todas las historias que se cuentan sobre Cleopatra no sean ciertas y, en realidad, nunca podremos saber si era tan malvada y retorcida como nos han hecho creer. Quizá sí, y desde luego tiene todo el derecho a serlo, como tantos otros. Lo que sí podemos afirmar con toda rotundidad es que fue la primera mujer de la Antigüedad cuyo poder y popularidad han trascendido más de dos mil años. Su característica opulencia no residía solo en su vestimenta y sus joyas, sino en la forma en que convertía lo ordinario en extraordinario. La leyenda de sus baños de leche de burra es un ejemplo perfecto: un acto cotidiano transformado en símbolo de refinamiento y exceso. Lo que la convierte en un icono eterno no es solo su apariencia, sino su capacidad de usar el estilo como una manifestación de poder, inteligencia y resistencia. Parece que Cleopatra entendió que el estilo es un arte, pero también una declaración: una manera de ser recordada cuando los imperios se desvanecen y las arenas cambian.

TEODORA
EL ALMA DE BIZANCIO

«Teodora, envuelta en el púrpura de los emperadores, parecía más una visión celestial que una mujer mortal, utilizando su vestimenta para elevarse por encima de todos».

EDWARD GIBBON

La emperatriz Teodora de Bizancio, esposa del emperador Justiniano I, fue mucho más que una consorte. De orígenes humildes, alcanzó un lugar inusual para una mujer de su época gracias a una inteligencia y una determinación fascinantes. Su influencia en la corte bizantina fue tal que movía los hilos de la política y se convirtió en el alma del imperio.

Las túnicas bordadas, los mantos de terciopelo, las joyas... todo hablaba de ella y cada detalle de su vestimenta era un símbolo de su poder. Fue una maestra en el arte de proyectar a través de su imagen entendiendo que, en un mundo donde las apariencias lo eran todo, no había arma más poderosa que su presencia.

Nació nada más comenzar el siglo VI y, durante algunos años, trabajó como bailarina en el Hipódromo de Constantinopla. Asociada a la clase social más baja, la actuación era vista con desprecio. Sin embargo, fue precisamente en esta etapa cuando desarrolló su gran astucia y enormes habilidades sociales. Supo llamar la atención de Justiniano, que entonces era el heredero al trono, gracias a una mezcla de ingenio, inteligencia y carisma. Y aunque muchos la menospreciaran por causa de sus controvertidos orígenes, Teodora usó decididamente su experiencia como ejemplo de fortaleza y se aseguró de que su historia de superación nunca cayera en el olvido.

Las crónicas de la época la describen como una mujer magnética, con una presencia imponente de la que no podías apartar la mirada. No obstante, no faltaron voces dispuestas a difundir rumores sobre su pasado, desprestigiar su estilo de liderazgo y señalarla como una mujer ambiciosa y despiadada. Procopio de Cesárea, en *Historia secreta*, ofrece una visión muy crítica de la emperatriz: la acusa de comportarse de forma lasciva y narra anécdotas que la retratan como alguien de una moralidad dudosa, en esa continua dualidad entre fascinación y descrédito que tanto se repite con muchas de las mujeres célebres de la Historia.

Su relación amorosa fue todo un escándalo, pues la ley no permitía el matrimonio entre una mujer de clase baja como Teodora y un hombre de alto rango como Justiniano, nada menos que el heredero al trono. Juntos decidieron luchar por su amor y Justiniano convenció a su tío para promulgar una ley que consintiera la unión entre miembros de la nobleza y mujeres de origen humilde. La legalización de su situación no impidió que muchos en la corte consideraran que Teodora no era digna de su nuevo estatus y desarrollaran una desconfianza absoluta hacia ella y todo lo que representaba. Dos años después de su matrimonio, en el 527, Justiniano fue proclamado emperador tras la abdicación de su tío y Teodora fue coronada emperatriz.

Consciente del poder de la indumentaria, pronto la desplegó como arma para reafirmar su posición y silenciar las críticas en torno a su pasado. Si tuviéramos que definir su estilo con una palabra, esta quizá fuese «opulencia», aunque tampoco sería decir mucho, pues se trataba de algo habitual en el Medievo, donde la diferencia en el vestir entre clases sociales era abismal. Lo fundamental es que Teodora no se limitó a seguir dócilmente la tradición, sino que siempre encontraba el modo de reinventarla a su manera.

Su atuendo principal era una túnica de seda finísima que caía en pliegues suaves hasta el suelo. Estas sedas, procedentes de China y teñidas con ricos colores, eran bordadas con hilos dorados y plateados que representaban flores, diseños geométricos, animales sagrados y escenas que evocaban poder. Además eran habituales los motivos religiosos —especialmente cristianos—, como cruces y figuras de santos. Esta mezcla de espiritualidad y poder imperial se convirtió en una característica distintiva de la moda bizantina.

El color púrpura imperial, un tono vibrante y oscuro que se obtenía de los caracoles murex, era fundamental en sus prendas. Para extraer un gramo de colorante eran necesarios nueve mil de estos moluscos marinos, lo que da una idea de su precio prohibitivo. Este púrpura, símbolo de realeza y exclusividad, cubría gran parte de sus ropajes, destacándola entre la corte y resaltando su papel casi divino. En ocasiones Teodora combinaba el púrpura con tonos de dorado, verde esmeralda y zafiro, creando un contraste que realzaba aún más su riqueza y elegancia.

Sobre sus hombros caía una capa de terciopelo o de seda gruesa, bordada y decorada con figuras en oro y gemas preciosas. Sujetaba la prenda con broches de oro macizo que llevaba sobre el pecho, otro símbolo de estatus que le confería un aire de mayor solemnidad ya que no solo ejercía una función protectora o de abrigo, sino que también actuaba como una extensión de su figura: al moverse, la capa flotaba tras ella creando una estela que hacía parecer que sus pies no se posaban sobre el suelo, como si caminara suspendida entre dos mundos.

El tercer elemento de distinción fueron las joyas. Teodora adornaba sus manos con múltiples anillos de piedras preciosas, usaba brazaletes y a menudo collares largos, algunos de varias vueltas, que refulgían sobre su vestimenta púrpura. Sus collares solían incluir perlas y gemas en engastes de oro, y algunos incorporaban también amuletos protectores. Ciertas historias mencionan que, durante las reuniones en las que se decidían asuntos importantes, Teodora tocaba discretamente sus brazaletes o collares en un gesto que parte de la corte interpretaba como un acto de conexión con ellos porque le otorgaban una «intuición divina».

Cubría su cabeza con un tocado que era mitad diadema, mitad velo. La diadema estaba decorada con perlas y piedras preciosas —esmeraldas, rubíes y zafiros—, y de ella colgaban hileras de perlas que enmarcaban su rostro y le proporcionaban una mirada solemne, casi etérea. Las perlas, símbolo de pureza y sabiduría, se multiplicaban en hileras alrededor de su cuello, de sus manos, y también en la parte inferior de su capa. Cuentan las crónicas que el brillo de las perlas y la manera en que reflejaban la luz otorgaban a Teodora un halo sobrenatural que provocaba que tanto los cortesanos como los visitantes de tierras lejanas se sintieran sobrecogidos ante su sola presencia. En una época de múltiples supersticiones como la Edad Media, en la que muchos atribuían propiedades mágicas a las perlas, decían que la emperatriz, al usarlas en cada ceremonia, se envolvía en una especie de aura protectora que la hacía intocable, reforzando una vez más su relación con lo divino.

Pero no debemos olvidar que la imagen que ha llegado hasta nosotros de Teodora es precisamente la que ella quiso que trascendiera. Son varios los historiadores que afirman que la emperatriz instruyó a los artistas que confeccionaron el famoso mosaico de la basílica de San Vital en Ravena para que representaran los detalles más majestuosos de su vestimenta. Su deseo era ser inmortalizada en su máxima gloria y esplendor, con su look más icónico, como un recordatorio eterno de su poder y su elegancia.

Sus espectaculares ropas y preciosas joyas no solo eran de una calidad magnífica, sino que también resultaban increíblemente pesadas. Tanto que en ocasiones necesitaba la ayuda de su séquito para ponerse en pie o moverse durante las largas ceremonias. Las crónicas destacan su gran aplomo y su dominio de las circunstancias: pese a lo incómodo que debía resultar sostener esa carga, Teodora jamás mostró signos de cansancio o molestia en público. Algunos observadores de la corte atribuían su resistencia al carácter fuerte e indomable que la caracterizó toda su vida, consciente además de que no le convenía mostrar ningún tipo de debilidad.

El calzado fue una de sus claves de estilo y es que Teodora introdujo algo novedoso para su tiempo, considerado por muchos tan extravagante como inaudito: botas adornadas con filigranas de oro y piedras preciosas. Deslumbrantes y asombrosas, solo las usaba en ocasiones especiales, pero incluso en una corte tan acostumbrada a la opulencia llegaron a ser tachadas de «exageración imperial». Los dignatarios que veían a la emperatriz caminar sobre ellas se quedaban admirados ante la visión de esas botas doradas que relucían con cada paso. Al igual que las joyas y los vestidos, eran incómodas y pesadas, por eso las reservaba para momentos de gran importancia en los que dejaba clara su voluntad de demostrar al mundo que estaba por encima de cualquier sacrificio con tal de mantener su estatus.

Podemos afirmar que Teodora ayudó a definir una moda formal y ceremonial, basada en túnicas largas y mantos adornados que denotaban dignidad y poder. Las mujeres de Bizancio no tardaron en imitarla, haciendo que su estilo se convirtiera en el estándar de moda para las mujeres de la élite. Su influencia reforzó la costumbre de cubrirse con velos, capas y mantos decorados, en looks que jugaban a la «modestia lujosa» mezclando cierto recato con ornamentos llamativos.

Le gustaba resaltar sus ojos y sus facciones, para lo que se ayudaba del maquillaje y de peinados elaborados. Las mujeres de la corte, deseosas de parecerse a ella, adoptaron su estilo y empezaron a llevar el cabello adornado con cintas y coronas, arreglado en formas muy complejas. Por descontado, esto era accesible solo para un pequeño grupo de ellas ya que la mayoría de las mujeres del imperio solo podían soñar con todo esto.

Cada uno de estos elementos por separado era en sí mismo fascinante, pero todas las piezas del rompecabezas unidas daban como resultado una imagen espectacular. Y es que Teodora vestía para comunicar su autoridad y su divinidad, para situarse por encima de los mortales. Cuando la corte bizantina se reunía en ceremonias o celebraciones, su figura resplandecía como una deidad entre sus súbditos y cortesanos, una imagen viva de la grandeza de Bizancio.

Conocí la existencia de Teodora gracias a una anécdota sorprendente, pues fue ella quien introdujo los gusanos de seda en Bizancio, suceso que transformó profundamente la economía y la industria textil del imperio. Antes de su iniciativa, la seda era un exclusivo producto de lujo que solo podía adquirirse en China a través de la célebre Ruta de la Seda, un camino largo y peligroso que encarecía considerablemente el precio de esta preciada tela, al alcance solo de una élite. Se dice que Teodora, con su astucia y conocedora de las redes comerciales, impulsó la idea de encontrar una manera de evitar la costosa importación de seda china.

La historia cuenta que dos monjes bizantinos fueron enviados a China con una misión secreta: descubrir los misterios de la sericultura y regresar con los gusanos de seda necesarios para comenzar una producción propia. Los monjes gozaban de la confianza de las autoridades chinas debido a su estatus religioso y conocían bien la ruta. La primera parte, aprender el proceso de producción, no les resultó difícil, pero el reto principal consistía en lograr el segundo objetivo. Con gran ingenio, ocultaron huevos de gusano dentro de sus bastones huecos de bambú, donde quedaron a resguardo del clima y de las inspecciones.

Tras el éxito de la misión, Justiniano y Teodora dispusieron la creación de centros de sericultura repartidos por diversas zonas del imperio, especialmente en Constantinopla. Se establecieron plantaciones de moreras, el árbol cuyas hojas sirven de alimento a los gusanos de seda, y se organizaron talleres de hilado y tejido. En pocos años Bizancio desarrolló una floreciente industria de la seda que rivalizaba con la producción china, permitiéndole al imperio no solo ahorrar en importaciones, sino también convertirse en un proveedor clave de seda para Europa y el Mediterráneo. Teodora entendió inmediatamente el valor de esta conquista económica y no tardó en promover el uso de la seda bizantina en la corte. Sus vestidos, ahora confeccionados con seda producida localmente, se volvieron aún más emblemáticos, y ella aprovechó cada oportunidad para mostrar la riqueza de la seda bizantina en ceremonias y eventos oficiales.

Parece evidente que Teodora no se limitó a ejercer de esposa del emperador, sino que fue su consejera más cercana, con una gran influencia en la política del imperio. Cuentan que ella asistía a las reuniones tras una cortina, desde donde observaba en silencio a los ministros y los generales. Después, ya en privado, aconsejaba a Justiniano sobre cuestiones decisivas para su gobierno.

La más importante de sus intervenciones tuvo lugar durante la revuelta de Niká. Constantinopla se encontraba al borde del colapso y Justiniano sopesó la posibilidad de huir para poner a salvo sus vidas. En ese momento, Teodora hizo su aparición y pronunció la frase que cambiaría el destino del imperio: «La púrpura es el mejor sudario». Estas palabras remitían al color del que hablábamos al principio del capítulo y que representaba la realeza absoluta. Si había que elegir entre vivir en el exilio o morir con dignidad, ella prefería hacer lo segundo, cubierta con el color sagrado de los emperadores. La frase que inspiró a Justiniano para vencer en la lucha ha quedado como una de las expresiones más recordadas de la historia de Bizancio y de su emperatriz, pues condensa todo lo que hizo de ella un icono imperecedero: elegancia, poder y valentía, hasta las últimas consecuencias.

Pese al lujo en el que vivió, Teodora no olvidó jamás de dónde venía y mantuvo siempre una sensibilidad especial con los más desfavorecidos. O desfavorecidas, porque dedicó muchos esfuerzos a mejorar la vida de las bizantinas. En una época donde los derechos de las mujeres eran escasos, ella promovió leyes que las protegían contra el abuso y la explotación; creó refugios para mujeres víctimas de violencia y ayudó a mejorar las condiciones de vida de las trabajadoras sexuales, prohibiendo su explotación. Además, fortaleció los derechos de las esposas en el divorcio, haciendo de Bizancio un lugar más justo para ellas, algo totalmente radical e innovador en su tiempo. Cuentan también que recibía en persona a mujeres de bajos recursos, a las que escuchaba y buscaba la forma de ayudarlas a resolver sus problemas, situación inaudita para una emperatriz.

Teodora mostró su carácter hasta el último de sus días. Falleció en el año 548, posiblemente por un cáncer que fue debilitando su salud, pero no su enorme determinación. Quizá debido a sus orígenes en el mundo del teatro, supo manejar a la perfección la puesta en escena hasta que cayó el telón. Siguió participando en las decisiones políticas y dio instrucciones precisas acerca de cómo quería administrar sus bienes una vez desaparecida. Decidió que algunas de sus preciosas joyas y hermosos vestidos fuesen distribuidos entre las mujeres de los refugios que había creado, en una especie de acto simbólico de continuidad. Su funeral fue uno de los más solemnes de la época, y su legado como emperatriz influyente y reformadora perdura hasta hoy.

MARÍA ANTONIETA

UNA REBELDE EN LA CORTE DE FRANCIA

«La estética de la corte de María Antonieta muestra cómo la moda podía ser un lenguaje de poder, placer y provocación. Sus elecciones no fueron solo caprichos: reflejaban tensiones sociales y su propia visión del mundo».

Christian Lacroix

La última reina de Francia fue una mujer conocida por todos, casi por encima de cualquier otra reina. Consciente de que le tocó gobernar en una época en que la apariencia lo era todo, decidió hacer del estilo su mejor arma, precisamente la misma que la condenó a morir en la guillotina. Su frivolidad y su gusto por el lujo le granjearon el odio de muchos franceses, que detestaban su forma de vida llena de excesos. Era capaz de encargar hasta trescientos vestidos en un solo año y, según algunas estimaciones, llegó a tener un vestidor valorado en seis millones de dólares. Sus últimas palabras fueron: «Disculpe, señor, no lo hice a propósito».

María Antonia Josefa Juana de Habsburgo-Lorena nació en Viena el 2 de noviembre de 1755, convirtiéndose en archiduquesa de Austria. Hija del emperador Francisco I y de la emperatriz María Teresa de Austria, recibió una educación bastante liberal para la época, alejada de la etiqueta que imperaba en otras cortes europeas. Disfrutó de una infancia despreocupada junto a sus hermanos, con los que formaba una familia feliz pese al temprano fallecimiento de su padre.

La joven María Antonieta nunca mostró demasiado interés en sus estudios, con excepción de las disciplinas artísticas y la música en especial. Según cuenta la leyenda, Mozart fue invitado a tocar en la corte siendo apenas un niño. Fruto de los nervios, tropezó y se cayó al suelo frente a María Antonieta, quien le ayudó a levantarse. Agradecido por el gesto, el músico le dijo: «Cuando sea mayor me casaré contigo». Y es que provocaba ese efecto magnético desde muy joven, encandilando a todo aquel con el que se cruzaba. Supo utilizarlo con profesores e institutrices, que le concedían cualquier capricho, aunque fuese en detrimento de su formación. Su madre, que tenía grandes planes para ella y había pactado ya su matrimonio para unir su casa con la de los Borbones —sus eternos enemigos— en una gran jugada política, decidió que tendría que encargarse ella misma si quería que su hija estuviera a la altura de la exigente corte francesa. La archiduquesa recibió con desgana las clases de danza, protocolo y demás disciplinas propias de una dama de alcurnia, como si no se tomara en serio su próxima boda con Luis Augusto. Al fin y al cabo, ambos eran muy jóvenes y ni siquiera se conocían, por más que este tipo de enlaces fuesen comunes en la época.

Luis Augusto era un chico introvertido, solitario y taciturno, todo lo contrario de María Antonieta. En cuanto a su aspecto físico —muy alto y delgado, cabello rubio y ojos claros—, se alejaba mucho de los cánones masculinos de aquel entonces. Era un muchacho muy culto interesado en las ciencias y hablaba varios idiomas. Creció como un niño enfermizo y desarrolló un carácter melancólico debido a que siempre se había sentido en segundo plano. Buena prueba de ello es que le apodaron el Mal Amado, en contraposición a su abuelo al que llamaban el Bien Amado. Nunca ambicionó ser rey y, de hecho, no estaba previsto que lo fuera, pero el temprano fallecimiento de su hermano lo colocó en primer lugar en la línea sucesoria al trono de Francia. El niño triste y solitario se refugió entonces en los estudios y la caza, convirtiéndose en lo que hoy llamaríamos un «bicho raro».

María Antonieta, por su parte, era una adolescente vivaracha y sin preocupaciones. Destacaba por su dulzura y una belleza que dejaba a todos prendados. Melena dorada, rostro ovalado, grandes ojos azules y una bonita figura que destilaba una elegancia innata. Al igual que su madre, tenía muy buen gusto para las artes decorativas y reunía todas las condiciones necesarias para ser la futura reina de Francia: un carácter amable, buena salud y energía para procrear, así como ese atractivo especial que luciría en la corte como un «elemento decorativo» más. No obstante, su madre, que tan bien la conocía, temía que su rebeldía e inmadurez pudieran causarle problemas en el futuro.

Con tan solo catorce años, María Antonieta partió rumbo a Versalles para casarse con el delfín y convertirse en la futura reina de Francia, dejando atrás una infancia feliz y, con ella, todo lo que había conocido hasta entonces. Las autoridades austriacas la «depositaron» en la frontera, dejándola en manos del que sería su nuevo séquito. Consciente de que nada volvería ser como antes, la joven los recibió con tristeza y visiblemente nerviosa. Allí mismo fue despojada de todas sus posesiones, le quitaron su ropa de estilo austriaco, sus joyas e incluso a su adorado perrito, al que no permitieron entrar en el país. Como relató Stefan Zweig en su célebre biografía de la reina, «la etiqueta exige incluso que no pueda conservar en el cuerpo desnudo ni un hilo de fabricación patria, ni un zapato, ni una media, ni una camisa, ni una cinta. Desde el momento en que se convierta en María Antonieta, delfina de Francia, solo podrá envolverse en telas de origen francés». Su tierna edad no despertó ninguna clemencia en sus anfitriones: en la corte francesa no se toleraban los sentimentalismos.

La ceremonia nupcial tuvo lugar el 16 de mayo de 1770. Cinco mil invitados ataviados con sus mejores galas y un país entero de celebración. Para la gran ocasión, la novia lució un lujoso vestido de corte blanco y plateado adornado con diamantes. Una prenda imponente y muy voluminosa gracias a la ayuda de un gran miriñaque, tal y como se estilaba en la época. Sin embargo, el diseñador no supo tomar bien las medidas y el vestido no le cerraba.

Pese a la pompa del enlace real, el verdadero interés no se encontraba en las joyas y los vestidos sino en la noche de bodas, ya que la consumación del matrimonio era un asunto de Estado y un acto casi de carácter público. Apenas unos niños, todavía no estaban preparados para ello y, de hecho, Luis ni siquiera se mostró interesado. Lo que no sucedió aquella noche sería el comienzo de muchos de sus problemas y motivo de sufrimiento durante los siguientes años.

La anómala situación se alargó tanto que casi siete años después el matrimonio seguía sin consumarse. La corte entera murmuraba y las presiones desestabilizaron a María Antonieta, que no comprendía la situación y se sentía rechazada por su esposo. Es entonces cuando aflora su lado más rebelde: se niega a usar el ceñido corsé que se le impone y pide vestidos más amplios, lo que provoca la indignación de la corte. También despide al peluquero real y comienza a rodearse de personas de su elección, entre ellas Rose Bertin, la modista que sentará las bases de la alta costura a partir de entonces.

Luis trataba de compensar sus carencias como marido con regalos y caprichos. La tristeza y el aburrimiento hacían que María Antonieta se refugiara en fiestas, juegos y salidas al campo, lo que constituía sus únicos momentos de felicidad. Mientras una parte de la corte se escandalizaba con su comportamiento relajado, otra parte la observaba con la esperanza de que su actitud supusiera un cambio en las rígidas costumbres. En una dinámica que será muy habitual a lo largo de toda su vida y que define a la perfección la hipocresía de la época, era criticada y admirada a la vez. Sin medida.

Tras la muerte del rey, la joven pareja accedió al trono con la pretensión de renovar la monarquía. Se desprendieron de ciertos derechos para atender a los más desfavorecidos, pero la reina no sabía evitar en público el tono infantil y empezaron —cómo no— a llover las críticas sobre ella. María Antonieta seguía siendo poco más que una adolescente, por lo que realizaba comentarios «sin filtro», poco adecuados, e incluso era incapaz de contener la risa. Era la justificación que necesitaban algunos para dar rienda suelta a un odio antiguo. La animadversión por sus orígenes familiares —eternos enemigos de la corte francesa— hizo que cualquier gesto encendiera la mecha de crueles rumores y cotilleos hacia ella. En una carta dirigida a su hermana reconocía su frustración: «Quienes piensan que es muy fácil jugar a ser reina están equivocados. Las limitaciones son infinitas, parece que ser natural es un delito».

El nuevo rey, consciente de la difícil situación económica del país, intentó aplicar medidas de austeridad, pero María Antonieta no había sido educada para la política —tampoco nadie tuvo interés en formarla— y vivía ajena a la situación, por lo que seguía centrada en los entretenimientos propios de una reina. La pareja solo compartía una preocupación: concebir un heredero que garantizase la continuidad dinástica.

Si bien nunca había sido coqueta en exceso —provenía de una cultura prudente y austera—, comenzó a desarrollar un interés exagerado por su imagen, tanto por el escrutinio constante al que era sometida como por considerarlo una vía de escape a la monótona vida palaciega. Por suerte, poseía un estilo innato que le hacía muy fácil destacar y no tardó en convertirse en el ejemplo a seguir primero para las otras mujeres de la corte, más adelante del país y, por último, de todo el continente. Para ello, encontró en Rose Bertin a su mejor aliada.

Considerada la primera diseñadora de moda francesa, Bertin fue una costurera de clase baja que llegó a lo más alto. Con un estilo único y absolutamente original, creaba tendencias en lugar de seguirlas y se volvió imprescindible para la reina. Su influencia sobre ella era tal que María Antonieta decidió romper una vez más el férreo protocolo real y recibirla a solas en sus aposentos. De hecho, hizo algo aún más sorprendente y que a mí me parece fascinante: la nombró ministra de la moda, de tal forma que ambas se reunían varias veces a la semana con el objetivo de determinar los estilismos que luciría en sus compromisos como si de una cuestión de Estado se tratara. En estos encuentros, Bertin le ofrecía las mejores ideas y las más modernas, algo que divertía a María Antonieta, al tiempo que lograba que sus creaciones fuesen la envidia de Versalles y del resto de Europa.

La propia María Antonieta le sugirió a la costurera que abriese un taller en la calle Saint Honoré. Siendo la modista de la reina el éxito estaba asegurado, por lo que se convirtió en una mujer rica gracias a su trabajo. Sus primeras clientas provenían del círculo cercano a la corte de Versalles, como la princesa de Lamballe o la retratista Vigée Lebrun. Pocos meses después se sumó toda la alta sociedad y las mujeres adineradas intentaban sobornarla para que les confeccionase un vestido que la reina no hubiera llevado aún.

Su fama creció como la espuma hasta el punto de que Rose Bertin ideó unas muñecas a las que vestían con sus creaciones y se enviaban a otras cortes europeas, para que las mujeres pudientes conocieran sus diseños y se confeccionaran prendas parecidas. Aún no existían las fotografías, ni revistas de moda ni redes sociales, por lo que estas muñecas se convirtieron en el acceso a las tendencias de la época. Evidentemente, sus modelos se copiaban tiempo después de que la reina los hubiera lucido, así siempre iba un paso por delante de las demás y ella mantenía su papel influenciador.

No cabe duda de que María Antonieta tuvo muy buen ojo confiando en el talento de Bertin. Juntas construyeron su estilo e introdujeron telas suntuosas como el terciopelo, la seda o el brocado. Prestaban mucha atención a los adornos, como los encajes de Chantilly y los bordados de hilos dorados y plateados. Por supuesto, los avances tecnológicos potenciaron la industria textil, permitiendo trabajar los tejidos de maneras nuevas. La seda de Lyon destacaba y cerca de Versalles se encontraba la fábrica de Jouy, con una gran variedad de telas con las que trabajaba Bertin y que el rey convirtió en Manufactura Real, exportando a todas las cortes europeas.

Gracias a ellas, los vestidos adquirieron líneas más insinuantes, escotes pronunciados y el volumen de las faldas ajustados a la cintura, resaltando de esta forma la silueta femenina. Bautizaban sus creaciones con nombres provocadores: «Placer Indiscreto», «Agitación Cardiaca» o «Suspiros Reprimidos» fueron algunos de ellos. En una época marcada por los excesos como fue el Rococó, la reina dio alas a su diseñadora para que no pusiera límites a su imaginación.

Algunos historiadores han calculado que María Antonieta demandaba casi trescientos vestidos al año, aunque, siendo justos, la etiqueta de Versalles no permitía a las grandes damas utilizar la misma prenda más de una vez en acontecimientos y actos públicos. Por eso, si alguna de estas damas se atrevía a repetir modelito, sería después de hacer unas cuantas modificaciones en el original.

Había vestidos para las grandes ocasiones, vestidos de mañana, de tarde o de veladas íntimas. Estos últimos consistían en una especie de bata con una sobrefalda abierta por delante y unos amplios pliegues sujetos al escote de la espalda, que se abrían a modo de capa y formaban una pequeña cola. Un protocolo tan estricto que conllevaba una etiqueta diferente para cada momento y una reina obligada a estar siempre perfecta. María Antonieta sabía estar a la altura e incluso lo disfrutaba porque su espíritu rebelde la impulsaba a sobrepasar los límites de lo convencional.

Cada mañana, al despertarse, le hacían entrega de un enorme libro que era un catálogo con las muestras de tela de todos sus vestidos. La reina señalaba con un alfiler aquellos que quería usar ese día para, a continuación, proseguir con su rutina de preparación que se alargaba casi tres horas más. Si María Antonieta hubiera tenido TikTok, sus *Get ready with me* serían los más largos de la historia.

Por descontado, su ritual diario iba mucho más allá del vestido en sí. Tanto ella como su diseñadora planificaban un *total look* para el que tenían muy en cuenta los complementos: desde las joyas a los zapatos pasando por los abanicos, que acabaron siendo auténticas obras de arte, confeccionados con hilos de oro y plata bordados sobre tela de seda o pinturas sobre papel, con varillas de marfil, carey o maderas nobles.

Cuentan que encargaba cada semana dieciocho pares de guantes perfumados con violetas y cuatro pares de zapatos, normalmente con un tacón cuadrado de unos ocho centímetros, realizados con seda y terciopelo de calidad y adornados con hilos metalizados, encajes, o incluso piedras semipreciosas. Y es que estamos hablando de la época más excesiva de la moda en la corte más excesiva de la historia. En realidad, María Antonieta se comportaba de manera acorde a lo esperado en el epicentro del lujo y la extravagancia. Lo malo es que todo esto superaba con creces el presupuesto de 1.250 libras anuales asignadas para su vestuario, y en unos tiempos marcados por la escasez y la austeridad, recibió agrias críticas por ello, llegando a ser apodada como «madame Déficit».

Su madre, consciente de los rumores que llegaban de su hija, se mostraba muy preocupada por su reputación y en su correspondencia incluía reprimendas al respecto. Le pedía que siguiese las modas con mesura, le recordaba que no necesitaba tantas cosas y la animaba a ser más sencilla. En una de sus cartas llegó a advertirle: «Ten cuidado de no perder con tales frivolidades el prestigio que te ganaste al principio de tu reinado».

Pero María Antonieta no estaba dispuesta a vestir con la sobriedad que le aconsejaba su madre. En su afán por no dejar indiferente a nadie, la pareja formada por la diseñadora y su musa llevaron su espíritu transgresor al límite, atreviéndose con atuendos que fueron tildados de escandalosos. Ya nos hemos referido a la incomodidad que le provocaban los corsés, así que instauró una vestimenta mucho más liviana para los días relajados. La célebre *chemise à la reine* fue ideada a principios de 1780 y consistía en un atuendo muy sencillo formado por varias en capas de muselina fina, bastante sueltas y drapeadas alrededor del cuerpo, que se cerraban con una especie con cinturón/faja en torno a la cintura. Así se dejó retratar por Élisabeth Vigée Lebrun en uno de sus cuadros más famosos. El escándalo fue mayúsculo, ya que el pueblo lo recibió como si estuviera posando en ropa interior, algo totalmente inapropiado para una reina. Ella posó consciente de que estaba rompiendo las normas del decoro que imponía la corte, pero consideró que —después de todas las críticas a sus excesos— esa sencillez sería bien recibida. Nada más lejos de la realidad: su actitud fue considerada una afrenta a la tradición y una muestra de independencia que no le estaba permitida. Por si esto fuera poco, la muselina era un tejido inglés y, como todo lo que se ponía se convertía en moda, la responsabilizaron también de las pérdidas que provocó en la industria de la seda y los tejidos franceses.

La reina se mostraba molesta y sorprendida, y se quejaba ante madame de Polignac en estos términos: «Se me ha acusado de querer arruinar a los comerciantes de seda franceses por llevar trajes sencillos. Todavía se me acusa de extravagancia cuando llevo una de las creaciones de Madame Bertin. ¡Santo cielo! ¿No puedo hacer nada sin ser criticada por los ojos de los súbditos de mi marido? El rey ha sido firme en nuestros gastos de corte, pero cuando obedezco, ¡por poco hay un motín!».

Pese a todo, su poder de influir estaba por encima de la polémica y muchas mujeres tanto en Francia como en Inglaterra adoptaron este atuendo. Fue, una vez más, pionera en ese cambio de estilo que adelantaba un cambio de paradigma mucho mayor y que estaba a punto de suceder. Por paradójico que resulte, poco tiempo después esta prenda se convertiría en todo un símbolo para aquellas mujeres que participaron en la revolución que acabó con la monarquía en Francia, y con la propia María Antonieta.

La reina también contaba con un peluquero de confianza que se encargaba de peinarla cada día. Su querido Léonard pasaba horas y horas elaborando complicadas creaciones que guardasen relación con los eventos previstos y que podían ser barcos, frutas o jardines, en función del acontecimiento a celebrar. Eran tan exagerados que requerían complejos postizos, y a menudo, debido a sus dimensiones, dificultaban acceder a la carroza o pasar bajo los marcos de las puertas. La moda del «más es más» se les había ido de las manos. Las plumas se convirtieron en una obsesión y llegó a prohibir que otras mujeres la superaran en número, siendo diez el máximo aceptado.

Tenía un gusto refinado para las joyas, en las que también gastaba grandes cantidades de dinero. Y, aunque era mucho más discreta en sus elecciones que otras mujeres del momento, no logró evitar verse involucrada en una gran crisis de imagen por este motivo.

El llamado «collar de la reina» estaba destinado en un principio a Madame Du Barry, la amante de Luis XV, pero este murió antes de que estuviera terminado y los joyeros quedaron endeudados. María Antonieta lo rechazó por considerarlo demasiado ostentoso, pero se vio envuelta en un engaño urdido por una estafadora. Los joyeros, deseosos de hacer un buen negocio, se dejaron embaucar por la historia ideada por la condesa de La Motte, que fingió ser amiga íntima de la reina y que afirmaba que esta quería adquirir la pieza a plazos y en secreto, a través de un cardenal de la corte que haría de intermediario en la compra. La condesa falsificó la firma de la reina para conseguir la valiosa joya, con la intención de vender después las piedras sueltas y que no pudieran identificarla. María Antonieta descubrió la trama y la puso en conocimiento de su esposo, el rey, que hizo de ello un asunto público, llegando a detener al cardenal implicado en la historia, que había sido igualmente engañado. Por desgracia, los bulos también se extendían con facilidad en aquella época y desmentirlos no era tarea sencilla, por lo que la imagen de María Antonieta se vio afectada pese a ser inocente. El pueblo consideró que era una despilfarradora y que por su culpa habían detenido a un inocente ministro de Dios. Ella no había hecho nada malo, pero sus enemigos conocían sus puntos débiles y cómo aprovecharlos.

La cosmética también sufrió una revolución a manos de María Antonieta. En aquella época se estilaban perfumes de olores fuertes y pesados que ella sustituyó por fragancias frescas y naturales, con toques florales. Su forma de maquillarse también dio mucho que hablar, poniendo de moda llevar la tez pálida, casi blanca, encendida con coloretes y labiales de color rojo intenso.

Lo cierto es que María Antonieta se refugiaba de la tristeza que le provocaba no ser madre volcándose en asuntos frívolos como los bailes y las fiestas. Su amor por los niños era muy puro. En una ocasión, su coche de caballos estuvo a punto de atropellar a un niño de tres años que se encontraba en la calle. La reina decidió llevarlo consigo a la corte para criarlo como si fuera propio. Años después, ese niño rubio tan querido por ella se convertiría en un ferviente republicano.

En los peores momentos de su depresión se recluía en su palacio personal, el Trianón, acompañada únicamente por un puñado de amigas, entre ellas una joven pintora. Élisabeth Vigée Lebrun realizó bellísimos retratos de la reina que son los que han llegado hasta nuestros días. Gastó grandes cantidades de dinero no solo en moda, sino también en arte, decoración y toda clase de entretenimientos. Con el empeoramiento de la situación social, los distintos gobiernos procuraban que la corte redujera sus gastos y ella lo acató, pero el daño ya estaba hecho. Alrededor de María Antonieta se había construido una imagen de frivolidad y rebeldía que nunca pudo desmentir. Las críticas hacia su figura eran constantes e insidiosas, especialmente acerca de su vida íntima. Cada baile o visita a la ópera alimentaba un sinfín de especulaciones sobre su castidad, e infidelidades que al parecer nunca sucedieron. El matrimonio era atacado sin piedad por no haber tenido descendencia y se han conservado infinidad de folletos satíricos, de retratos lujuriosos de los reyes, de canciones y poemas en los que se detallan todo tipo de invenciones de lo más retorcido.

En 1778 anuncia con gran felicidad que está esperando un hijo. Dio a luz a una preciosa niña que cambiaría su frágil ánimo, pero no el de su pueblo, que seguía decepcionado con la reina por no haber cumplido con su objetivo de darle un heredero a la corona. Para asombro e indignación de la corte, decidió amamantar a su hija ella misma, práctica que habitualmente se delegaba en nodrizas o amas de cría. Tres años después llegó el ansiado delfín y María Antonieta pudo al fin respirar tranquila. A partir de entonces se dedicó con devoción a su nueva vida familiar, apartándose de la vida pública y de las fiestas. Su nueva actitud tampoco fue del agrado de muchas de las personas influyentes con las que se había codeado hasta entonces y que, de pronto, se sintieron molestos, apartados y sin las diversiones a las que estaban acostumbrados. Sus tías, las hijas solteras del rey Luis XV, empiezan a comportarse como las hermanastras de Cenicienta y a alimentar la traición.

La revolución empieza a sembrarse entre un pueblo sediento de cambios que no olvidan que «la Austriaca», el sobrenombre con el que es conocida, proviene de un país enemigo de Francia. Su marido tampoco goza del cariño de sus súbditos, que consideran que no trata con suficiente dureza a la nobleza ni al clero. Ante los rumores de un golpe de Estado contra ellos, María Antonieta intenta involucrarse en los asuntos políticos, pero entonces fallece el heredero y todo su mundo se derrumba.

El rey, aunque simpatizaba con las ideas ilustradas, mostraba una parálisis que le granjeó la enemistad de su pueblo, que veía que encarnaba la idea de una monarquía antigua. Los acontecimientos históricos se suceden a toda velocidad: la toma de la Bastilla, las jornadas revolucionarias... Aconsejan a los reyes la huida, pero ellos no están dispuestos a abandonar a su pueblo en momentos tan convulsos. A medida que la situación se agrava, cambian de opinión, pero para entonces es demasiado tarde: son interceptados y llevados de regreso a París. Están muertos de miedo. Con los años se habían convertido en un matrimonio muy cariñoso y muy unido, pero la imagen que tiene el pueblo de sus gobernantes es muy distinta. Allí comprueban con horror que hay numerosas caricaturas del rey retratado como un borracho glotón y de la reina como una lujuriosa arpía.

El llamado Siglo de las Luces comenzaba con la Revolución francesa, que abolió la monarquía en 1792. La familia real al completo fue encarcelada y el rey ejecutado en enero de 1793. Nueve meses después le llegó el turno a María Antonieta, condenada por traición e igualmente guillotinada. Ambos habían amado a su pueblo y estaban en contra de la violencia, pero el terror revolucionario acabó con sus vidas.

Más de dos siglos después, el legado de María Antonieta continúa vivo y se interpreta desde múltiples perspectivas. Historiadores, críticos de arte y moda, así como el público en general, siguen fascinados por su figura. Su vida sirve como referencia en debates sobre el rol de la mujer en el poder, la influencia de la opinión pública en la vida política, o la capacidad simbólica de la moda y el lujo en tiempos de cambio social. Ha inspirado a escritores y cineastas, como Sofia Coppola con su versión oscarizada de esta reina en una película que ha pasado a formar parte del imaginario colectivo sobre María Antonieta con un vestuario muy trabajado. Y por supuesto, su revolucionaria visión de la moda sigue inspirando a genios como Vivienne Westwood o John Galliano, quien, tras crear una colección en 2005 inspirada en ella, declaró: «María

Antonieta inspira por su osadía. Su estilo era su voz, su modo de señalar que no se sometía ciegamente a las rígidas convenciones de la corte. Comprendía el poder de la apariencia para fascinar y sorprender».

Muchos historiadores coinciden en que —como tantas otras figuras históricas, y en especial mujeres— ha sido tratada de manera injusta, y solo hace falta investigar un poco a fondo para darse cuenta de ello. Su error fue vivir unos años despreocupada y dedicada a lo mundano para olvidarse de su dolor personal por no engendrar. Mientras el pueblo sufría, ella vivía ajena a todo aquello. Pero no hay que olvidar que era tan solo una cría, ¿es justo juzgarla de esta manera? ¿qué hubiera hecho otra en su lugar? Stefan Zweig reconoce en su biografía que cometió un pecado innegable, «haberse presentado con una ligereza sin igual ante la más inmensa tarea de la historia, con un corazón blando ante la más dura confrontación del siglo». Si ella pudiera haber elegido su destino, su matrimonio y su vida, quizá todo hubiera sido diferente.

EUGENIA DE MONTIJO

LA PRIMERA *INFLUENCER* DE LA HISTORIA

«La emperatriz Eugenia tiene una forma de vestir que transforma cualquier prenda en algo digno de la realeza».

VICTORIA DE INGLATERRA

Eugenia de Montijo es, sin duda, la primera *influencer* de la historia. Descubrí que era una mujer fascinante en una visita al palacio de Liria. De hecho, hasta ese momento, apenas sabía nada sobre la última emperatriz de Francia que da nombre a una línea del metro de Madrid.

El majestuoso salón de baile del palacio está presidido por un retrato suyo que enseguida captó mi atención. Su imagen irradiaba belleza, estilo y personalidad, lo que despertó mi curiosidad de inmediato. Para mi sorpresa, cuanto más profundizaba en su vida, más evidente resultaba lo adelantada que era a su tiempo, hasta el punto de ser una especie de *influencer*. Lo cierto es que en los últimos años ha habido un resurgir de su popularidad, se ha convertido en una figura reivindicada por muchos, y el detalle que confirma ese interés: es que se trata de la andaluza más buscada en Wikipedia. Y no me extraña.

La moda tal y como la conocemos hoy en día empieza a existir en el tiempo de Eugenia. En cierto modo, ella parece la persona adecuada en el momento idóneo, pero en realidad es mucho más que eso: tuvo la visión de utilizar la moda como herramienta global. Además de su buen gusto, su belleza y su buena posición, entendió muy rápido que la moda servía para influir sobre los demás no solo en el aspecto puramente estético como creadora de tendencias, sino que también vio el potencial de hacerlo desde el punto social e incluso político, apoyando a toda una industria. Sirvan como muestra estas palabras suyas: «Me han acusado de frívola y de amar demasiado la ropa, pero es absurdo; eso equivale a no darse cuenta del papel que debe desempeñar una soberana, que es como el de una actriz. ¡La ropa forma parte de ese papel!».

La magnitud de su influencia fue tal que varias prendas adoptaron rápidamente su nombre. Siglos antes de que hicieran su aparición el bolso Kelly de Hermès —como homenaje a Grace Kelly—; el Birkin —inspirado en Jane Birkin— o el Lady Dior —dedicado a Lady Di—, existieron un sombrero y un abrigo bautizados en su honor. Eso sí que es crear tendencia.

El sombrero Eugenia era una pieza inclinada que caía sobre un ojo, con el borde doblado y un adorno en forma de pluma de avestruz. Volvió a ponerse de moda en los años treinta del siglo XX porque Greta Garbo lo lucía en la película *Romance*. Por su parte, el *paletot* Eugenia era un abrigo muy amplio con manga abullonada y un solo botón debajo del cuello, su amplitud estaba pensada para cubrir vestidos voluminosos. Un diseño muy inteligente que permitía protegerse del frío de forma elegante a la vez que dejaba el estilismo a la vista para que pudiera ser apreciado.

Eugenia de Montijo nació en Granada en 1826. Cuenta la leyenda que el parto se adelantó debido a un terremoto. Al parecer su madre inventó esa historia con el fin de crear un relato grandioso sobre sus hijas, para las que tenía grandes planes. Y todo indica que la realidad superó las ensoñaciones fabulosas de esa madre que llegó a asegurar que, cuando tenía doce años, una mujer le leyó las líneas de la mano y predijo que iba a ser reina.

María Manuela Kirkpatrick resulta una figura fundamental para entender la vida de Eugenia. Era de origen escocés, y Eugenia heredó de ella tanto el color rojizo de su pelo como su tez blanca, aunque en realidad guardaba mayor parecido físico con su padre,

Cipriano de Palafox y Portocarrero, VIII conde de Montijo, XVIII conde de Teba y duque de Peñaranda de Duero. Doña Manuela insistía en que a sus hijas no les diera un rayo de sol para mantener impoluta su piel, les pedía que se untasen en enigmáticos perfumes, vistieran muy a la moda y se relacionaran con lo mejor de cada casa.

Entre los dos educaron a ambas hijas con esmero, enviándolas a las mejores escuelas de Francia e Inglaterra. Su padre lo hacía con la intención de que Eugenia y Paca fueran cultas e inteligentes, mientras que su madre buscaba con ello colmar su necesidad de que se movieran por los círculos europeos más exclusivos. Lo cierto es que lograron ambos objetivos: Eugenia se educó rodeada de intelectuales como Stendhal o Prosper Mérimée, quien fue su tutor y con el que mantuvo contacto permanente, al tiempo que acudían a los eventos más exclusivos y lujosos tanto en Francia como en España, donde frecuentaban la famosa Quinta de Carabanchel que reunía a la flor y nata del momento.

Tras la muerte del padre, doña Manuela redobló sus esfuerzos para conseguir buenos casamientos y asegurar la situación económica de sus hijas cuanto antes. Tomó la decisión —de manera casi unilateral— de que Paca se casara con su primo Jacobo, el duque de Alba, que en realidad era el gran amor de Eugenia. Con la hija mayor ya bien posicionada, se puso a la tarea de encontrarle marido a la pequeña, para lo que la llevó a una recepción en el palacio del Elíseo. Luis Napoleón Bonaparte, entonces presidente de la II República, quedó prendado de su extraordinaria belleza, inusual para la época y de su inteligencia.

La boda con el que sería el último emperador de Francia se convirtió en el gran acontecimiento del siglo. No se escatimó en gastos. Las más reputadas modistas del momento soñaban con vestir a la futura emperatriz. Entre ellas, la señora Vignon —que poco antes se había negado a confeccionarle vestidos a Eugenia si no eran abonados por adelantado— se presentó con treinta y cuatro modelos. Mademoiselle Palmyre, su rival, con veinte.

El enlace se celebró en la catedral de Notre Dame y, para el gran día, le cosieron un traje de terciopelo blanco con corpiño y larga cola. Llevaba volantes de encaje a juego con el velo, todo muy del estilo de María Antonieta, a la que Eugenia tanto admiraba. Cuando en la luna de miel pidió alojarse en las mismas habitaciones que su predecesora en el trono francés, la nueva emperatriz no podía imaginar que llevarían vidas paralelas, pues Eugenia —igual que María Antonieta— se convertiría en un gran icono de la moda, pero también sería tachada de frívola y despilfarradora. Pese a que destinó los seiscientos mil francos ofrecidos por el Ayuntamiento de París como regalo de boda a obras de beneficencia, el pueblo francés ya la había juzgado con dureza. Durante su reinado, Eugenia fundó orfanatos y hospitales, consiguió que se realizaran muchos indultos, se implicó en la construcción del canal de Suez y apoyó las investigaciones de Louis Pasteur. Nunca se resignó a ser un mero elemento decorativo en el imperio, pero ninguna de sus actividades logró que se ganara el cariño de los franceses. Fueron muchos los que la culparon del declive y la apodaron «la Española» con el mismo desprecio que antes habían llamado «la Austriaca» a María Antonieta. Nunca perdió el cariño de su país natal, en el que la canción popular la recordaba décadas después en la voz de Concha Piquer con esta copla: «*Eugenia de Montijo, qué pena, pena, / que te vayas de España para ser reina. / Por las lises de Francia, Granada dejas, / y las aguas del Darro por las del Sena. / Eugenia de Montijo, qué pena, pena…*».

Lo que sí supo apreciar la mayoría fue ese buen gusto innato que desprendía y por el que recibió otro sobrenombre, el de «la Emperatriz de la moda». En ese sentido, llegó a ganarse el respeto de figuras como el escritor Émile Zola quien, a pesar de ser muy crítico con el Segundo Imperio, reconocía su impacto en la moda y la cultura: «Eugenia fue una emperatriz de la moda tanto como del imperio. Su estilo no era un mero capricho, sino una estrategia que reflejaba el poder y la sofisticación de Francia».

Pero si hay alguien esencial en la construcción del icono de estilo que es Eugenia de Montijo ese no es otro que Charles Frederick Worth. Juntos idearon la imagen de la emperatriz de arriba abajo, sin olvidarse del más mínimo detalle y siendo muy conscientes de la importancia que tenía.

Charles Frederick Worth es considerado el padre de la alta costura porque gracias a él la moda empezó a escribirse con nombre propio. Fue pionero en muchas cosas, como la costumbre de firmar sus diseños, igual que los pintores firmaban los cuadros. A él se debe el nacimiento de las etiquetas. También fue el primero en pensar que alguien tenía que mostrar sus diseños puestos (creando la profesión de modelo), en decidir que habría dos colecciones al año (primavera/verano y otoño/invierno, algo que se ha mantenido vigente casi hasta nuestros días) o en hacer que las clientas fueran a su casa y no al contrario.

Worth montó su propia casa de costura en París con el apoyo de su mujer Marie. Comprendieron muy pronto que de poco servía confeccionar vestidos maravillosos si la gente no conocía su existencia, así que idearon una de las primeras estrategias de marketing del mundo de la moda. Marie vestiría esos diseños y se pasearía con ellos por grandes almacenes, fiestas y lugares estratégicos de la ciudad. Fueron al encuentro de madame Metternich, esposa del embajador de Viena en Francia, conocida en la época por ser un referente de estilo. Sabían que se relacionaba al más alto nivel, y tras mostrarle algunas piezas que le encantaron decidió llevar una de ellas a la Ópera, donde se encontró con su amiga la emperatriz. El flechazo fue inmediato. Eugenia le preguntó por el vestido y madame Metternich la condujo hasta Worth, que se convirtió en su diseñador de cabecera. Si hasta entonces Eugenia ya había cultivado su fama de icono de estilo, tras unir su elegancia a la genialidad de Worth se convirtió en el gran referente y la más copiada.

Mantuvieron una fértil colaboración a lo largo de varios años en los que definieron la moda de la época: el uso de las crinolinas, estructuras que servían para dar mucho volumen a las faldas, o su característico escote abierto con los hombros al descubierto. Realizaron juntos cientos de diseños que pasaron a ser los más deseados. Las revistas explicaban las prendas de Eugenia con todo lujo de detalle para que las demás mujeres pudieran replicarlas. Worth tenía una capacidad admirable para conseguir que la emperatriz fuese siempre la mejor vestida, en cualquier circunstancia. Desde prendas formales para actos oficiales hasta extravagantes trajes para los bailes de disfraces —como el que lució emulando a un pavo real—, sus creaciones hacían que brillara sin igual.

Gracias al tándem que configuraron juntos, en el que ambos se complementaban a la perfección, consiguieron crear un icono de estilo muy auténtico. No es que siempre estuvieran de acuerdo, ya que hay numerosas anécdotas que atestiguan que debatían intensamente entre ellos, como aquella vez que Worth quiso vestirla con un brocado de Lyon que ella rechazó porque «parecían cortinas». En el libro *The House of Worth: The Birth of Haute Couture*, se menciona que «cuando la emperatriz prefería esperar antes de llevar sus últimas creaciones, él [Worth] no dudaba en expresar su disconformidad. Su persuasión legendaria a menudo prevalecía sobre la reticencia de Su Majestad».

Su conexión era total, y cuando Eugenia se quedó embarazada el diseñador ideó un vestido que disimulase su tripa con más de treinta metros de tafetán que simulaban un ramo gigante de violetas de Parma, las flores favoritas de la emperatriz. Dicha tonalidad fue la elegida por ambos para muchos diseños, poniéndolo muy de moda. En la canción *Violetas imperiales* se dice: «*Sabes que ya no habrá primavera / si tú no estás aquí, violetera... / Piensa que en esta corte francesa / eres más que gitana princesa*».

Worth siempre alabó su figura y hablaba de Eugenia de Montijo como la personificación de la elegancia y el refinamiento: «Cada prenda que creaba para ella parecía cobrar vida, como si estuviera destinada únicamente a realzar su gracia». Fue además un pionero del *total look* cuidando hasta el extremo todos y cada uno de los detalles de su apariencia, desde la ropa interior a las joyas, sin dejar de lado las maletas en las que viajarían los trajes... Todo tenía que ser impecable. Para esta misión contaron con un jovencísimo Louis Vuitton, que realizaba artesanalmente las maletas de la emperatriz. ¿Hay algo más de *influencer* que viajar con maletas personalizadas de Vuitton?

Consciente de su influencia, Eugenia quiso aprovecharla para reforzar la imagen imperial de su marido, pues sabía que apoyando a la industria francesa del lujo impulsaría también el poder del emperador. Y de este modo nacieron los llamados *toilettes politiques*, estilismos muy elaborados que apostaban por las materias primas francesas para promover industrias como las del encaje, las sedas o los brocados de las distintas regiones del país. Era precisamente en estas ocasiones cuando Eugenia apostaba por looks más excesivos de lo habitual y lucía, por ejemplo, prendas repletas de encaje de Chantilly producido en Caen o lujosas joyas y complementos de marcas francesas como Chaumet.

Los *toilettes politiques* resultaron muy efectivos, y es que todo lo que Eugenia llevaba se convertía en objeto de deseo y era copiado con avidez por muchas mujeres. Sin embargo, si bien tenía un aspecto positivo en la industria —que incrementaba sus ganancias— también tenía un correlato negativo, y es que todo ese lujo y ostentación favorecía el cliché de mujer frívola con el que solían atacarla. Charlene M. Boyer Lewis, historiadora cultural, reivindica la importancia de sus elecciones: «La imagen pública de la emperatriz Eugenia, cuidadosamente construida a través de su vestuario y sus joyas, no solo exhibía el esplendor de la corte de Napoleón III, sino que también impulsaba la noción de que la moda parisina era un idioma del poder».

Lo cierto es que su colección era inmensa y muy valiosa. Con el paso del tiempo acumuló un increíble ajuar repleto de prendas y accesorios de lujo y llegó a construir un ascensor que comunicara su vestidor con las habitaciones en las que guardaba los vestidos y los complementos. Como en toda *influencer*, repetir look no estaba permitido, por lo que había una persona que catalogaba y clasificaba todo y que también se encargaba de vender alguna de esas piezas que ya no volvería a usar. Es decir, que también inventó el Vinted de la época.

Además, Eugenia fue pionera en lo de tener un perfume propio. Pierre Guerlain creó especialmente para ella Eau de Cologne Impériale, una fragancia que ha sobrevivido hasta nuestros días. El diseño del frasco era una auténtica obra de arte que reproducía sobre el cristal las abejas doradas imperiales del manto de Napoleón y que en la actualidad son el símbolo de la casa Guerlain.

Poseía también una colección excepcional de joyas. Diademas, collares y broches se convertían en tema de conversación tanto en la corte como en las publicaciones de la época. Eugenia tenía un gran dominio de su imagen y, consciente de la expectación que causaba, cambiaba de joyas en el mismo día entre distintos eventos, sabiendo que todos estarían pendientes de cada nueva pieza, que sería comentada y copiada por las élites de inmediato.

Aunque Eugenia conocía la responsabilidad que tenía como emperatriz de Francia jamás renunció a sus raíces. Le gustaba presentarse en la corte con mantillas —que lucía sobre los hombros a modo de chal—, así como con peinetas y otros complementos propios del traje típico andaluz. Logró fusionar con naturalidad los elementos españoles tradicionales y la elegancia francesa, obteniendo como resultado un sello muy personal en el que su identidad salía reforzada. A través de esas combinaciones introdujo tendencias españolas en la sofisticada moda parisina y esa forma de reivindicar el exotismo de sus orígenes se ganó la admiración de muchas damas de la aristocracia, que lo consideraban sumamente chic. Instagram no existía aún, pero las modas ya viajaban muy rápido.

Pese a todos sus esfuerzos, Eugenia no consiguió ser aceptada por los franceses. Desde el principio, la decisión de Napoleón III de contraer matrimonio con ella no fue bien recibida. Victor Hugo escribió al respecto: «El águila se casa con la *cocotte* [cortesana]», a lo que el emperador respondió redactando una rotunda declaración de amor a su futura esposa. Sin embargo, no tuvieron un matrimonio feliz y Eugenia fue bastante desdichada en su vida personal, ya que las conocidas infidelidades de su marido chocaban frontalmente con la recta educación católica que había recibido. Nada de esto disminuyó la gran confianza que Napoleón III había depositado en ella como emperatriz y, de hecho, era frecuente que Eugenia adoptara el papel de regente durante las ausencias de su marido, decisión muy poco habitual y con la que los caballeros de la corte se mostraron descontentos... Ante estas objeciones, Napoleón III defendía las virtudes de liderazgo de su esposa con palabras como estas: «Eugenia no necesita un trono para ser una reina; su porte, su elegancia y su espíritu la coronan cada día».

Eugenia tuvo muchos problemas para tener hijos y, de hecho, sufrió varios abortos. Según cuentan, la reina Victoria le aconsejó sobre las mejores posturas para concebir, y ya fuera por sus indicaciones o no, lo cierto es que lo consiguió. Napoleón Luis Eugenio Juan José Bonaparte, príncipe imperial, se convirtió en su gran alegría tras un parto complicado en el que le rompieron la cadera con el fórceps.

Por desgracia, la felicidad no duró mucho. El imperio acusaba problemas y la familia se enfrentó a duras situaciones, entre otras algunos atentados contra ellos. En 1870, tras la derrota en la batalla de Sedán, el emperador fue capturado y destronado. Todas las personas en las que Eugenia había confiado la abandonaron y consiguió exiliarse junto su hijo en Inglaterra gracias a su dentista.

La muerte había llegado a su vida arrebatándole a muchos de sus seres queridos. Primero se despidió de su adorada hermana Paca, que falleció a causa de una tuberculosis. En 1873 perdió a su marido. Se refugió en el cariño de su hijo, pero la desgracia volvió a llamar a su puerta tan solo cinco años después. El joven Napoleón Eugenio murió a los veintitrés años en Sudáfrica, tras unirse como oficial voluntario a las tropas británicas. A sus cincuenta y tres años, Eugenia se quedó completamente sola. Vivió cuarenta años más, en los que siempre vistió de luto. Atrás quedaban aquellos esplendorosos estilismos llenos de vida y color.

Nunca se olvidó del país que la vio nacer y, en sus últimos años de vida, no era raro encontrarla paseando sola por las inmediaciones del palacio de Liria, ya que visitaba España con frecuencia. En 1920, ya con noventa y cuatro años, vino para ser operada de cataratas y, aunque la operación fue un éxito, dicen que esa tarde merendó una horchata bien fría. Luego se sintió repentinamente indispuesta y falleció esa misma noche. En el palacio se conserva una fotografía de esa última tarde, en la que Eugenia posa sonriente junto al doctor Barraquer.

Para el historiador James Laver, «Eugenia de Montijo elevó el gusto por el lujo y la sofisticación en la corte del Segundo Imperio, convirtiéndose en un referente internacional cuyas preferencias dictaban la moda europea». Y es que Eugenia de Montijo es la española que ha logrado colarse entre los mayores iconos de estilo de la historia. Su figura, más allá de las intrigas políticas y la pompa de la corte, se convirtió en un verdadero faro de estilo. Su apoyo a diseñadores visionarios, su capacidad para poner de moda colores, cortes y accesorios, así como su sutil fusión de influencias culturales, la encumbraron como una de las más grandes impulsoras de la moda decimonónica y toda una pionera. Cada vestido que portaba era un lienzo que reflejaba su gusto exquisito y encarnaba la magnificencia de un imperio. En sus retratos, su porte altivo y su mirada serena reflejaban una mezcla de gracia y fuerza, consolidando su estatus como la reina no oficial del estilo europeo.

CLÉO DE MÉRODE

LA MUSA DE LA BELLE ÉPOQUE

«Cléo de Mérode vestía como si cada día fuera un acto teatral, siempre etérea y siempre precisa».

JEAN COCTEAU

Cléopâtre-Diane de Mérode, Cléo de Mérode de nombre artístico, fue una bailarina francesa y la mujer más fotografiada de la Belle Époque. Las postales con su imagen —siempre tan elegante— dieron la vuelta al mundo y convirtieron a su protagonista en el primer icono de la era moderna. Los avances en la fotografía y en la imprenta hicieron que, por primera vez en la historia, la fama de una bailarina traspasara fronteras hasta entonces nunca vistas. Su belleza no fue solo admirada en toda Europa, sino que llegó a lugares insospechados como Sudán, donde un grupo de exploradores pudo salvar la vida gracias a que negociaron su libertad a cambio de un periódico con la foto de Cléo. Sin embargo, si su legendaria belleza llegó tan lejos, ¿cómo es posible entonces que en la actualidad su nombre sea tan poco conocido? La respuesta quizá se deba a las dinámicas de la sociedad de masas que tan bien conocemos hoy: la fama podía ser un fenómeno de alcance mundial, pero también efímero, ya que una estrella pronto era sustituida por la siguiente y su nombre caía en el olvido.

No obstante, el hecho de que hoy apenas sea recordada no hace su historia menos interesante. Cléo de Mérode aprendió a utilizar las herramientas que tenía a su alcance en su propio beneficio. Fue de las primeras en entender las ventajas del famoso «que hablen de ti, aunque sea mal» para impulsar su carrera, pese a que muchas veces los rumores y los episodios que se contaban sobre ella fuesen incontrolables y negativos para su vida.

Cléo de Mérode nació en París en 1875 y su madre, una baronesa que había sido dama de honor de la emperatriz Sissi, decidió bautizarla con el nombre de la reina egipcia Cléopâtre, una elección premonitoria, ya que las vidas de ambas mujeres guardarían muchas similitudes. Con solo siete años la pequeña Cléo ingresó en el cuerpo de ballet de la Ópera de París, donde desarrolló una carrera fulgurante, pues a los veintiún años debutó como solista y la revista *L'Illustration* le dedicó elogios y se refirió a ella como «la reina de la belleza».

Esta talentosa mujer no tardó en descubrir que potenciar esa imagen de belleza y elegancia podría jugar a su favor, por lo que se dejaba fotografiar en los incipientes estudios de fotógrafos como Nadar, que estaban situados muy cerca de la Ópera. Pronto destacó sobre las otras mujeres que allí acudían. Muchas de ellas también formaban parte del mundo del espectáculo y se retrataban caracterizadas en su papel, con poses de baile, etc. Sin embargo, Cléo optaba por cierta naturalidad, transmitiendo una imagen seria, relajada y distante, que realzaba su increíble belleza. En estos posados enfatizaba su característico peinado y añadía elementos muy a la moda como tiaras, gargantillas, guantes o plumas. Esas fotografías eran mucho más que el simple retrato de una bailarina. En realidad, Cléo actuaba como una modelo de revista mucho antes de que eso existiera. Ella sabía que no se parecía a ninguna otra y por eso se convirtió en un icono.

Tal como explica Michael D. Garval en su libro sobre este fenómeno, «el estrellato de la postal de Mérode es una pieza clave para nuestro entendimiento de la prehistoria de la *celebrity* moderna. Creció a finales del siglo XIX con las fotografías de *celebrities* y anticipó el surgimiento de la estrella de cine de 1910 en adelante». Y es que Cléo de Mérode se encontraba en el momento exacto en el que las nuevas tecnologías de la imagen iban a permitir una expansión veloz y sin precedentes.

Una vez lanzada al estrellato de la fama, todos buscaron retratarla, incluidos los más ilustres pintores de la época, cuyos estilos y lenguajes pictóricos eran muy diferentes entre sí. Podemos encontrarla entre las bailarinas de Edgar Degas, en algunas litografías de Toulouse-Lautrec o en los lienzos de Boldini. El retrato de este último es mi favorito ya que me resulta tremendamente actual e incluso me dan ganas de copiarle el look hoy mismo. En él vemos a una joven Cléo vestida con una blusa de escote en pico que acentúa su largo cuello, una maravillosa superposición de collares que lo adorna, el cinturón marcando su figura y una estudiada composición pensada para mostrar en primer plano su mano luciendo un fantástico anillo. Una pose coqueta, con la mirada fuera de plano y enmarcada por su representativo moño. Más de cien años después, es una imagen que no desentona en absoluto con lo que podríamos ver hoy en cualquier revista de moda o incluso en Instagram. Boldini retrató a todas las mujeres avanzadas de su tiempo en sus «cuadros a la moda» y Cléo no podía faltar en ellos, pues tal y como afirmó tras pintarla, «ella no solo llevaba la moda; transformaba la moda en arte».

Su peinado —cabello liso con la raya en medio y recogido en un moño bajo que cubría sus orejas— la identificaba de inmediato. Inspirado por los retratos renacentistas de las mujeres castas de Da Vinci, Cléo lo recuperó y volvió a ponerlo de moda entre las mujeres de su época, que lo llamaron cabello *à la Mérode*. Esta estrategia de repetir elementos como el peinado hasta que terminaran asociados a sí misma fue muy eficaz. El público la reconocía al instante en cualquier fotografía y fueron muchas las mujeres que quisieron imitarla.

Pero esta imagen suya tan icónica tuvo consecuencias inesperadas, y es que despertó un sinfín de especulaciones acerca del hecho de que nunca mostrara sus orejas. La prensa dijo que carecía de ellas, que las tenía deformadas, e incluso se hicieron eco de informes médicos que relacionaban estas supuestas anomalías con la histeria. Las orejas de Cléo eran el secreto mejor guardado, el gran misterio a desentrañar. Sin embargo, lo que comenzó como un ingrediente mágico para aumentar la fascinación por su figura, derivó en una campaña de acoso muy dañina que atendía únicamente a su físico, sin importar el talento con el que desempeñaba su profesión. Se convirtió en pregunta obligada en todas las entrevistas que le realizaban y la cuestión protagonizó cientos de viñetas y artículos cuyo propósito principal era demostrar que aquella preciosa mujer con piel de porcelana y medidas perfectas ocultaba un defecto terrible. Se trataba, una vez más, de un claro ejercicio de control sobre el físico de las mujeres. A mayor relevancia, mayor crueldad.

La conversación sobre su físico fue constante a lo largo de su vida: comenzó con la representación de *Phryné* —en la que iba vestida con ropa de color carne que simulaba el desnudo, y que provocó comentarios de todo tipo—, y alcanzó su punto álgido en 1896, con *La Danseuse*. Cléo había posado para el escultor Alexandre Falguière, por lo que cuando este reveló su obra y el mundo contempló la escultura de una bailarina desnuda con su rostro se desataron todos los rumores. El 5 de mayo de 1896, Georges Rodenbach afirmaba en *Le Figaro*: «El placer de la multitud es comprensible. Uno no puede sino alegrarse de que la modelo se digne ofrecernos el regalo casi real de su cuerpo, ya que, a través de la obra de M. Falguière, en la que aparece desnuda, parece que todos la poseemos». No le faltaba razón, y es que la mera suposición de que aquel era el cuerpo desnudo de la mujer más famosa y deseada del momento propició esa falsa ilusión de posesión, por lo que muchos se creyeron con el derecho de verter toda clase de insinuaciones e insultos hacia una mujer que era admirada y criticada a partes iguales.

Cléo se vio obligada a explicar que ella solo había prestado su rostro al escultor —quien no tenía el más mínimo interés en aclararlo— y que el cuerpo desnudo no le pertenecía. Del mismo modo, no le quedó más remedio que mostrar sus orejas a un periodista para terminar de una vez por todas con las locas teorías que habían sembrado sobre ellas.

A pesar de que lo que hoy conocemos como «prensa rosa» no existía aún, las intromisiones en su vida privada fueron habituales. Se especulaba con su intimidad atribuyéndole numerosos amantes: desde el pintor Gustav Klimt al marajá de Kapurthala, sin olvidar al rey Leopoldo II de Bélgica. Por descontado, todos estos rumores eclipsaban por completo su valor artístico como bailarina, reduciendo su existencia a ser la amante de un rey mucho mayor que ella. Al principio, Cléo intentó no preocuparse de las maledicencias y aprovechar que su fama había crecido de forma exponencial para demostrar su valía sobre los escenarios de toda Europa y Norteamérica. Por desgracia, el acoso y el desprecio de la prensa contra ella traspasó todos los límites y anticipó un fenómeno que sería el pan de cada día de muchas *celebrities* en el siglo XX, que estaba a punto de comenzar.

El rumor surgió una noche en la Ópera cuando Leopoldo II se acercó a la bailarina para mostrarle su admiración. Era habitual en la época que muchas mujeres del mundo del espectáculo se relacionaran con hombres poderosos que intentaban comprar sus favores en privado. Las llamaban *cocottes* y se las consideraba una evolución de las cortesanas de siglos anteriores, entre las que se incluía a mujeres como Sarah Bernhardt. A ojos de muchos, el cuerpo de ballet de la Ópera de París era un «harem nacional» a disposición de los hombres más influyentes, por lo que tan pronto como vieron al rey belga acercarse a Cléo, el supuesto romance se convirtió en la comidilla primero de la ciudad y más tarde de medio mundo. Protagonizaron viñetas satíricas que ridiculizaban a una joven mujer en la cama con un anciano, e incluso llegaron a acuñar el acrónimo «Cléopold», creado a partir de sus nombres al estilo del famoso «Brangelina» con el que se hacía referencia a la pareja formada por Brad Pitt y Angelina Jolie. El impacto fue tal que, en varios países, se representaron operetas donde se burlaban de ambos por su inexistente relación amorosa.

La versión que dejó Cléo en sus memorias es muy diferente: «Solo me prestó atención, bañándome en frases cariñosas, palabras de alabanza que eran apasionadas declaraciones de amor [...] Nuestro diálogo, más bien un soliloquio, continuó durante más de media hora. Todo el mundo alrededor esperaba el final de nuestra conversación para que pudiera dar comienzo el segundo acto [...] La ópera se detuvo por completo, me hubiera gustado volverme invisible [...] La historia se extendió veloz como un rayo al salir del teatro, pues el público asistente solo hablaba de eso». En ellas también cuenta cómo antes de que el rey abandonara París, la visitó por sorpresa en su casa, le declaró su amor y le ofreció una mansión en Bruselas y una villa en Ostende, además de un éxito sin igual. Cléo rechazó su propuesta diciéndole que amaba a otro hombre, «un prometido que lo era todo para mí».

Mientras que Leopoldo II no tenía inconveniente alguno en ser relacionado con la mujer más bella de su tiempo —tal y como hubiera deseado—, Cléo pagó un alto precio por esa fama inmerecida. Por más que se esforzó en impulsar su carrera, nunca más fue valorada por su trabajo sino por su nómina de amantes. De hecho, cuando llegó a América para actuar, se encontró respondiendo las mismas preguntas a los periodistas: las orejas, la estatua de su desnudo y su relación con el rey de los belgas.

Lo cierto es que era una mujer discreta, culta y educada, que despertaba fascinación allá por donde pasara. En 1900 hizo las siguientes declaraciones a *The Sketch*: «Bailo las danzas antiguas, el minué, la gavota, la pavana, y soy la bailarina principal del ballet de Louis Ganne. Me viste un sastre, conozco muy bien la música, sé cómo arreglar una cesta de frutas o un bouquet de flores, he leído a los poetas y a los historiadores y mis medias son tan finas como la niebla, ¿qué más puedo decir?». Pero nada de esto importaba. Con Cléo estaban ensayando lo que serían las nuevas reglas para los famosos en la era de masas: la mercantilización y la explotación hasta límites insospechados. Así da comienzo una relación paradójica con estas personalidades: una especie de amor platónico que, al no poder alcanzarse, se transformaba en desprecio y se materializaba en una dicotomía constante entre amor y odio, alabanza y crítica hacia la misma persona. Por supuesto también es un punto de inflexión en cuanto a la sexualización de las mujeres artistas, cuya reputación siempre resultaba, a priori, dudosa.

Durante muchos años Cléo intentó seguir su filosofía de que no había publicidad mala y procuró aprovecharla para demostrar su valía sobre el escenario, pero le resultaba cada vez más complicado llevar la vida discreta que deseaba. «Cuando iba a bailar a las principales ciudades del extranjero, lo que notaba en primer lugar eran los estantes, en los quioscos y las librerías de la estación de tren, llenos de postales mías. Si me aventuraba a dar unos pasos en la calle, las chicas jóvenes se apresurarían a comprar estas tarjetas y correrían detrás de mí, pidiéndome que las autografiara. Esto se convirtió en una obsesión tal que a menudo dejé de salir y preferí quedarme encerrada en mi habitación de hotel».

Las jóvenes admiraban sus elegantes looks que tan bien se amoldaban a su cuerpo de bailarina. Llevó con mucho estilo los recargados diseños del final de la Belle Époque con enormes mangas abullonadas y en los que se superponían encajes y pieles... pero también abrazó la modernidad del nuevo siglo siendo pionera en lucir vestidos ajustados y sencillos, que favorecían su silueta y que ella aderezaba con complementos como preciosas tiaras, collares tipo choker o perlas que encajaban a la perfección con su aire renacentista. Algunas de estas prendas, como el sombrero con el que la retrató Toulouse Lautrec, acabaron llevando el sobrenombre *à la Mérode*.

Cléo vivió el esplendor de su fama en ese periodo conocido como Belle Époque, que abarca desde finales del siglo XIX hasta el estallido de la Primera Guerra Mundial. Los avances tecnológicos unidos a la bonanza económica y al desarrollo del ocio para la burguesía configuraron una sociedad de consumo en la que las clases acomodadas no escatimaban en gastos. Algunas mujeres se cambiaban hasta ocho veces al día, con etiquetas diferentes según la hora o la actividad a realizar. Con su posición privilegiada, Cléo se vestía a menudo con creaciones de diseñadores prominentes y prefería telas lujosas como la seda y el terciopelo, trabajadas con detalle. Usaba colores suaves, con mucho tono pastel, y tejidos suntuosos: encajes, brocados, bordados, lazos, volantes y flores. Y es que las «tendencias» en la moda y el arte suelen estar conectadas y en esta época triunfaba el estilo *art nouveau*. Además, se daba mucha importancia a las artes decorativas, lo que iba en consonancia con sus looks repletos de tocados y joyas.

Los cambios se sucedían a un ritmo vertiginoso y las mujeres comenzaron a desempeñar un papel distinto y activo en la sociedad: trabajaban, hacían deporte, y esos looks tan recargados perdieron sentido y funcionalidad. La vida de una bailarina era puro movimiento dentro y fuera del teatro, por eso Cléo acogió enseguida los nuevos aires que marcaba la moda. Sus fotografías muestran una evolución hacia la sencillez con siluetas más despegadas y con menos volúmenes, sin olvidar el lujo y la elegancia. También mantuvo su característica pose estática y distante, casi virginal.

Nunca quiso acomodarse en su carrera, así que aprovechó su fama para viajar a Nueva York y probar suerte. Pero sus actuaciones obtuvieron malas críticas y empezó a pensar en regresar a ese

París que tanto añoraba. Su vuelta a casa fue triunfal y los franceses la recibieron con mayor cariño tras haber sido despreciada por los estadounidenses.

La Exposición Universal de París de 1900 fue el acontecimiento que inauguró el nuevo siglo. Un fenómeno que atrajo a más de cincuenta millones de visitantes, provenientes de todo el mundo. Lo exótico estaba de moda y Cléo debutó con los bailes camboyanos que destilaban un erotismo algo forzado. En cuanto a la vestimenta, el modisto Landolff creó para ella originales prendas de terciopelo púrpura, perlas, uñas largas y brazaletes en forma de serpiente. Aunque no sabían nada sobre los trajes tradicionales camboyanos y únicamente se inspiraron en algunos grabados disponibles, el espectáculo tuvo muchísimo éxito.

También triunfó en el cabaret Folies Bergère, pero su fama empezaba a desvanecerse a medida que avanzaba el siglo. Se perfilaba un nuevo mundo y no había espacio para mujeres como ella. Con la llegada de la guerra actuó para los soldados y en algunas provincias francesas, lejos ya de su época dorada en los mejores teatros del mundo. La aparición del cine hizo que este tipo de espectáculos se vieran como algo anticuado y algunas de las estrellas de aquellos años como Carolina Otero y Émilienne d'Alençon acabaron en la pobreza más absoluta. Hollywood arrebató el liderazgo artístico del planeta a París y los periódicos empezaron a referirse a Cléo como una «vieja gloria».

Pese al declive de su carrera, siguió inspirando novelas como *Movieland* de Ramón Gómez de la Serna y películas como *Peacock Alley* o *Women of Passion*, en la que le atribuían un romance con Klimt nunca confirmado. En *Peacock Alley* la bella Mae Murray encarnaba a «la bailarina Cléo», por lo que decidió reclamar dinero por daños y perjuicios a la productora, ya que consideraba que se la retrataba de manera maliciosa. Un tribunal francés desestimó la denuncia.

Años después demandó a la escritora feminista Simone de Beauvoir por incluirla en el capítulo «Prostitutas y hetairas» de *El segundo sexo*. Reclamó nada menos que cinco millones de francos, pero solo le otorgaron uno de manera simbólica y la eliminación de su nombre en futuras ediciones. Más allá de lo anecdótico, el pleito entre ambas mujeres fue seguido con interés por toda la prensa internacional, que en realidad estaba encantada de verlas «pelear», y alrededor de ellas se abrió un debate generacional entre «lo viejo» y «lo moderno».

Pese a haber protagonizado multitud de rumores, se sabía muy poco sobre su vida privada real. Tuvo un gran amor de juventud, un conde francés con el que no llegó a casarse y que falleció muy pronto. Y en 1906, mientras realizaba una gira por España, conoció en la Zarzuela al escultor español Luis de Périnat del que se enamoró perdidamente y con el que se trasladó a su finca en Extremadura. La relación entre ambos duró hasta el final de la guerra. Suya es la escultura de la tumba de Cléo, situada en el cementerio del Père-Lachaise.

Mérode siguió bailando esporádicamente y participando en galas benéficas hasta que cumplió los cincuenta, edad en la que se retiró en Biarritz. De vez en cuando reaparecía en público y todos coincidían en que, por más que pasaran los años, seguía manteniéndose joven y bella. Concedió su última entrevista al gran Cecil Beaton para *Vogue* en 1964. La fotografiaron en su casa de París, a sus casi noventa años. Beaton contó que, antes de marcharse, ella le pidió que por favor destruyera todas las instantáneas en las que no salía favorecida. «Sabía cómo conservar su leyenda», aseveró.

Cléo fue dibujada, pintada y fotografiada en cientos de ocasiones por los artistas más relevantes de su tiempo. Consciente del poder de su imagen hasta el final de sus días, intentó asegurarse de que siempre captaran su belleza. El escritor Jean Cocteau le dedicó estas palabras: «Virgen que no lo es, dama prerrafaelita que camina con los ojos bajos. El perfil de Cléo es tan dichoso, tan divino, que los dibujantes lo rompen. Cuando uno está frente a ella siente que es la mujer más bella del mundo».

COCO CHANEL

LA REINVENCIÓN DEL ESTILO

«Coco Chanel, por una especie de milagro, trabajaba en la moda siguiendo reglas que parecían tener valor solo para los artistas».

Jean Cocteau

Madeimoselle Chanel nos enseñó que la verdadera elegancia radica en ser auténtico y estar seguro de uno mismo, por eso se convirtió en una de las figuras más admiradas y trascendentales en la historia de la moda. Una diseñadora que no solo contribuyó a revolucionar la vestimenta de las mujeres de su época, sino que además ella misma se convirtió en un icono de estilo al que seguimos admirando. Si vemos unas bailarinas bicolor, una chaqueta de tweed o un collar de perlas, pensamos de inmediato en esa mujer con una historia de lo más resbaladiza, que supo ver antes que nadie el poder de la imagen personal como clave hacia el éxito. Su influencia sigue viva, no solo en la ropa que diseñó sino en la forma en que entendemos la moda.

En su universo, la moda era más que la ropa: era una declaración de principios. «La simplicidad es la clave de la verdadera elegancia», proclamaba, y siempre vivió de acuerdo a esta máxima. Chanel despojó a la moda de excesos innecesarios, introduciendo líneas limpias y tejidos prácticos que se movían al ritmo de la vida moderna, y lo hizo sin renunciar al glamour. Más bien lo reinventó, haciendo que las perlas y las camelias fueran más que accesorios: eran firmas de una mujer que sabía cómo convertir lo simple en algo lujoso. Su estilo era un reflejo de su carácter: audaz y desafiante. Sus sombreros, sus prendas y, por supuesto, su inimitable Chanel Nº 5 no eran simplemente productos, sino extensiones de su visión de una vida en la que la belleza y la funcionalidad coexistían en armonía.

Gabrielle Chanel nació en un hospicio de las orillas del Loira el 19 de agosto de 1883. Su padre no estuvo presente. Era un vendedor ambulante que, con la excusa de sus continuos viajes, dejó a su familia totalmente desatendida. La madre falleció cuando Gabrielle tenía doce años, dejándola a ella y a sus cuatro hermanos solos. El padre los llevó a un orfanato y nunca volvieron a verlo. Sin embargo, Chanel se resistía a contar la historia tal como sucedió, y la adornaba diciendo que se había criado con unas «tías» en lugar de con unas monjas, construyendo un relato alternativo lleno de contradicciones en el que a veces se había quedado huérfana a los seis años.

Imagino que la manera en que Gabrielle Chanel fue hilvanando el pasado a su conveniencia es el primer apunte de la personalidad arrolladora que desarrolló y de su afán por ser dueña de su destino a toda costa. No cabe duda de que su infancia fue difícil y es que, en el orfanato, ser una niña abandonada, «repudiada», podía suponer una condena que no estaba dispuesta a asumir. Por eso, desde su llegada, dejó volar su imaginación y explicaba a todo el que quisiera escucharla que su padre se había marchado a hacer dinero a América y que volvería a por ella cuando fuera rico. Mucho antes de que empezase a adornar sus escasas prendas de ropa para hacerlas más vistosas, adornó su vida para que resultase más atractiva.

Si algo aprendió de aquellas monjas que hicieron la vida más difícil a aquella niña rebelde fue el gusto por las cosas hechas con dedicación y perfeccionismo. Tras el orfanato pasó a un internado en el que todas las chicas, pobres y ricas, vestían el mismo uniforme, siempre limpio y minuciosamente planchado. El blanco y negro de las prendas, su sencillez y austeridad, prefiguraron —aunque fuera de forma inconsciente— algunas de las claves de su estilo.

Su primer contacto con la vida adulta se concretó en modestos empleos vendiendo tejidos, haciendo pequeños arreglos de sastrería o incluso cantando en los llamados *café-concerts* de la época. Y es que Gabrielle Chanel no contaba con una gran voz, pero sí con mucha actitud y presencia, y en aquel momento llegó a pensar que quería dedicarse a los espectáculos de variedades. «Coco», el apodo con el que pasaría a la historia, nació sobre los escenarios ya que una de las canciones que solía cantar hablaba de un perrito con ese nombre: «*¿Quién ha visto a Coco? Coco, Coco…*». Por descontado, la versión que ofreció más adelante decía que se trataba de un apelativo cariñoso con el que la había bautizado su padre… Gabrielle —Coco— reinventaba su vida sin descanso y pronto reinventaría también la moda de la época.

Su estilo personal siempre llamó la atención de las mujeres de todas clases. Cuando iba al hipódromo con su amigo Étienne, algunas de ellas —encorsetadas y excesivas— admiraban la sencillez de sus trajes sastre de falda recta combinados con camisas y sombreros de paja. Gabrielle, por su parte, miraba con fascinación a los jockeys y a los mozos de cuadra, soñando con convertirse en una amazona. Llegó a pedirle a un sastre especializado en ropa de montar que le confeccionara unos pantalones, dejándolo totalmente escandalizado. Pero Coco lo tenía claro: priorizaba la funcionalidad sobre otros aspectos, y no le encontraba sentido a montar a caballo con un vestido o una falda. Precisamente la búsqueda de comodidad surgida de sus necesidades personales la llevó años más tarde a alcanzar el éxito.

En realidad, todo empezó con los sombreros. Coco se quejaba de no encontrar en tiendas los modelos que le apetecía lucir, hasta que decidió ponerse manos a la obra y transformar piezas simples que compraba en creaciones especiales y elegantes solo con añadir algunos elementos. Al comprobar su buen gusto, muchas de sus conocidas se animaron a hacerle encargos.

En una cacería conoció a Arthur «Boy» Capel, un guapo jugador de polo inglés del que se enamoró perdidamente. Uno de los bolsos más famosos de la casa Chanel se llama Boy en homenaje al que fue el gran amor de su vida, aunque no lo diseñó ella sino Karl Lagerfeld en 2010, en la etapa en que fue director creativo de la firma. Se trata de una pieza inspirada en la cartuchera, la bolsa que usaban los cazadores para la munición y que Coco Chanel empleaba a modo de bolso para llevar sus cosas. En aquella época las mujeres solían ir con las manos vacías ya que los bolsos no formaban parte del atuendo habitual, y además era común que las prendas femeninas no tuvieran bolsillos (algo que sigue sucediendo en la actualidad con los vestidos, especialmente si son de fiesta). Una vez más, sus necesidades personales anticipaban el futuro que estaba por venir.

Boy Capel ayudó a Chanel a trasladarse a París para poder dedicarse a vender en su modesta tienda los sombreros que compraba en las galerías Lafayette y que modificaba a su gusto con mucho ingenio y estilo. Sus diseños llamaron la atención de las parisinas y el establecimiento pronto se quedó pequeño para la demanda que había surgido. Bajo el nombre de Chanel Modes trasladaron el taller y la tienda a la famosa rue Cambon, que quedará para siempre asociada a ella.

Quizá como consecuencia de la escasez con la que había vivido en su infancia, al verse en una posición más desahogada comenzó a gastar mucho dinero. Cuando comprendió que las cuentas no saldrían si seguía a ese ritmo, contrató a las personas indicadas para que su negocio prosperara y, sobre todo, para no tener que depender económicamente de un hombre jamás. Coco siempre defendió con fiereza su independencia y eso ha constituido uno de los elementos esenciales del relato de mujer empoderada que se ha popularizado en torno a su figura y que puede resultar muy inspirador.

Los primeros años en París fueron seguramente los más felices de su vida. En ellos conoció el éxito y se introdujo en los círculos culturales de una ciudad que estaba en plena ebullición. Despuntaba una nueva era que traía aire fresco al mundo de la moda. Atrás quedaban los looks excesivos de la Belle Époque que encorsetaban a la mujer y la convertían en un objeto de ostentación de la riqueza de sus maridos. Se abría paso una nueva hornada de diseñadores entre los que se encontraban Jeanne Paquin, Paul Poiret, Jeanne Lanvin, Madeleine Vionnet o Chanel, que iban a revolucionar la silueta femenina, liberándola de la rigidez en la que había sido encarcelada hasta entonces.

Hay algo que hace especial a Coco Chanel y es que aplicaba a sí misma sus propias ideas. Como hemos visto antes, diseñaba la ropa que necesitaba ponerse y no encontraba. Durante sus veranos en Deauville —donde abrió otra tienda— observó que las mujeres pasaban calor, sudaban, y no disponían de ropa adecuada para lo que ella deseaba hacer: pasear o estar en la playa. Se fijó entonces en las prendas que llevaban los marineros o en las que le tomaba prestadas a Boy Capel cuando tenía frío y decidió confeccionar sus primeras prendas de punto, un tejido que nunca antes habían llevado las mujeres. Su interés era crear ropa con estilo que le permitiera seguir con comodidad el ritmo de vida que le gustaba, y no sentirse limitada por el hecho de ser mujer. Creo que ni ella misma imaginaba la revolución imparable que eso iba a conformar en el mundo de la moda.

«¿Tenía realmente conciencia de la revolución que iba a provocar en el vestir? De ninguna manera. Un mundo acababa, otro iba a nacer. Me encontraba allí, se me ofrecía una oportunidad y la cogí. Tenía la edad del nuevo siglo: por eso se dirigió a mí para que expresara su indumentaria. Hacía falta sencillez, comodidad, claridad: sin saberlo, yo ofrecía todo aquello. Los auténticos aciertos son casuales», afirmó Chanel treinta años después en una entrevista.

Su tienda de Deauville se llenó de prendas cómodas, ligeras, frescas y de inspiración deportiva. Blazers marineras, jerséis de punto, las icónicas camisetas de rayas, faldas rectas… Sin duda, un lugar de veraneo era el sitio idóneo para ponerlas a prueba y muchas mujeres se unieron a su «movimiento». Coco Chanel se vestía a menudo con la ropa de los hombres que la rodeaban y que tanto la influyeron a la hora de diseñar, de ahí que sus colecciones tuvieran una clara inspiración masculina.

La Primera Guerra Mundial no hizo sino aumentar su éxito. El concepto de ropa cómoda y funcional parecía más necesario que nunca. Es curioso descubrir la relación que existe entre grandes desastres como los conflictos bélicos y su contribución en la historia de la liberación de la mujer. No solo desde el punto de vista estético, sino también laboral. Las mujeres de todos los estratos sociales tuvieron que incorporarse al mundo del trabajo y formar parte mucho más activa de la sociedad. En ese contexto, la ropa diseñada por Chanel se ajustaba más a las necesidades de la élite. No debemos olvidar que siempre hizo alta costura y que —aunque cómodas e incluso austeras— sus creaciones no eran asequibles para la mayoría. Además, eran tiempos de escasez que obligaban al uso de tejidos sencillos y de fabricación casera como el tweed de Escocia o el punto y, en lo que a escasez se refiere, Coco la había conocido de primera mano durante toda su infancia y primera juventud, así que sabía muy bien qué hacer con ellos.

En 1925 se celebró en París la Exposición Internacional de Artes Decorativas e Industriales de la que brotó el *art decó*. Una vez más, Coco supo leer el signo de los tiempos y adaptar ese estilo moderno y funcional a sus diseños. Mientras modistos como Poiret apostaban por la extravagancia y empezaban a quedarse anticuados, Madeimoselle Chanel lanzaba al mundo una de sus grandes creaciones: su famoso traje sastre, compuesto por una sencilla chaqueta con ribete trenzado y botones metálicos acompañada de una falda recta. Un diseño que ha pasado a la historia y que ha sido reinterpretado una y otra vez. Karl Lagerfeld lo llevó a su máximo esplendor en los ochenta para Chanel, pero ha sido una inspiración constante para casi todas las marcas y los diseñadores que surgieron después.

La rivalidad entre Paul Poiret y Gabrielle Chanel ha dejado muchas anécdotas que destacan la rapidez y el ingenio de la diseñadora. Un año después del éxito de su traje de chaqueta llegó otra de las grandes aportaciones de Coco a la historia de la moda: *la petite robe noire* o *little black dress*. Se trataba de un sencillísimo vestido negro de manga larga confeccionado en crepé de China, que en la actualidad es un imprescindible en todo «fondo de armario» ya que es válido para acertar en cualquier ocasión. Pese a que no era la intención de Chanel, se convirtió en una prenda que acercaba a las mujeres de todas las clases sociales sin remedio: una especie de uniforme que representaba el *summum* de la sencillez y la elegancia. Supuso una gran innovación ya que, hasta entonces, el negro era un color reservado al luto que ella convirtió en un símbolo de fuerza y carácter. Poiret, que se refería a Chanel como «la diseñadora de la miseria», la vio un día con uno de estos vestidos y se acercó a preguntarle por qué se llevaba ese *total look* negro, a lo que la diseñadora, con su particular sentido del humor, le contestó: «Porque voy a tu funeral». Quizá en sus palabras hacia el modisto —al que, sin duda, admiraba— quedaba cierto resquemor porque tiempo atrás ella había querido trabajar con él como sombrerera y este la había rechazado. Pero también apuntaba al hecho de que esa moda excesiva que representaban diseñadores como Poiret estaba a punto de desaparecer.

Chanel contribuyó a definir el nuevo ideal femenino de belleza de la época: mujeres con siluetas esbeltas y peinados a lo *garçon*, que llevaban trajes de chaqueta de punto con faldas cortas, líneas rectas y bonitos sombreros. Estas mujeres elegían a sus amantes, fumaban con elegancia, conocían el arte vanguardista y bailaban al ritmo de la música de los años veinte. La propia Chanel afirmaba: «La moda no es algo que exista solo en los vestidos. La moda está en el cielo, en la calle, la moda tiene que ver con las ideas, la forma en que vivimos, lo que está pasando».

Fue amiga de Picasso y de Jean Cocteau —con los que colaboró en un par de obras teatrales—, así como de muchos otros artistas. Las fiestas que organizaba Chanel eran legendarias: lujosas y divertidas, sin escatimar en gastos. Poco a poco pasó a ser una pieza esencial de la vida social de la época, aparecía en crónicas y revistas, lo que contribuyó a la creación de ese icono en el que se convirtió.

Fue mecenas de varios artistas, entre ellos el director de los Ballets Rusos, Serguéi Diáguilev, al que entregó trescientos mil francos. Así conoció al gran compositor Ígor Stravinski, al que también ayudó económicamente y al que convirtió en su amante. «Tuve una pasión musical por él, y él una amorosa por mí, lo que provocó un drama espantoso», declaró en una entrevista. Con su entrada en escena daba comienzo lo que se conoció como su «periodo eslavo», en que el incorporó a sus creaciones bordados de inspiración rusa. Mantuvo también una relación amorosa con el duque Dmitri Pávlovich, sobrino del zar Nicolás, que se había exiliado en París tras haber participado en el asesinato de Rasputín. Entre los obsequios que le hizo su amante destaca un collar que había pertenecido a los Románov, esas perlas tan características de su imagen que acabaron siendo parte fundamental del imaginario de la casa Chanel.

Otra de sus grandes innovaciones fue la de usar bisutería sin reparo ni moderación. Y es que Chanel abogaba por mezclar joyas grandiosas con perlas o piedras falsas y obtuvo un gran éxito, algo que no deja de sorprender dado el esnobismo de la época, en el que ella misma militaba. Aquí se encuentran los primeros indicios de la futura convivencia de lo caro y lo barato, de la costura con el *prêt-à-porter*, o eso que ahora es tan habitual en casi cualquier icono de estilo: la mezcla del *low cost* con piezas de diseñador. Como de costumbre, se adelantó a las modas siendo una de las primeras en ver la importancia de los complementos a la hora de elevar looks sencillos, ya fuera a través de las joyas, los cinturones o los zapatos.

Coco Chanel no sabía dibujar, por lo que no trabajaba sobre bocetos, sino que esculpía sus ideas directamente sobre los cuerpos de las modelos, que pasaban interminables horas de pie. Era un trabajo fatigoso y horrible en el que Gabrielle —que no era una buena jefa ni las trataba con amabilidad— las pinchaba con los alfileres si osaban moverse e incluso les prohibía ir al baño. Le gustaba dar órdenes, gastaba muy mal carácter y además pagaba poco, por lo que sus empleadas se rebelaron y organizaron una huelga que ella nunca les perdonó. Las malas condiciones de trabajo motivaron en realidad el cierre de su Maison.

En los últimos años se ha construido un relato de Coco Chanel como figura feminista, reivindicando esa idea de mujer exitosa que nunca se casó y que liberó a las demás mujeres con sus creaciones. Imagino que funciona como estrategia de marketing, pero lo cierto es que, según reflejan múltiples fuentes, Mademoiselle trataba mal a sus trabajadoras, hacía muchos comentarios clasistas y/o sobre los cuerpos ajenos y, en general, no se llevaba bien con las mujeres. Su enemistad con la diseñadora Elsa Schiaparelli es de sobra conocida, igual que el modo en que engañó a su amiga Vera Bate Lombardi, entre otras.

Personalmente, no considero a Chanel una mujer con una intención feminista. Resulta evidente si revisamos muchas de sus declaraciones, aunque tampoco parece justo ni adecuado juzgarla desde nuestro prisma actual ya que carecemos de perspectiva. Sin embargo, considero innecesario construir un relato que romantice al personaje. La historia de su vida es complicada y llena de aristas, y eso no empaña en modo alguno su grandeza como icono de estilo. Sus aportaciones al mundo de la moda son innegables y su legado resulta de lo más inspirador. No importa si lo hizo en busca de la comodidad o del éxito comercial, lo cierto es que Coco Chanel creó colecciones que definieron a las mujeres modernas y lo hizo de una manera magistral.

Hay otro punto oscuro en su biografía sobre el que existen multitud de especulaciones y es la relación que trabó con los nazis que ocuparon Francia durante la Segunda Guerra Mundial. Se sabe que fue amante de un alemán —un espía cercano al régimen—, al que según varias versiones conoció porque se encargó de ayudarla con la liberación de su querido sobrino. Además, Chanel participó en la llamada «operación Modelhut», que fue un fracaso, y que se aprovechó de sus contactos alemanes para perjudicar a sus socios judíos que se estaban quedando con las ganancias de su perfume más famoso: Nº 5.

El Comité de Depuración la arrestó al finalizar la guerra y Gabrielle consiguió la libertad gracias a la intercesión de algún amigo influyente. Los rumores apuntan a que pudo ser el duque de Westminster —el hombre que la enseñó a valorar la elegancia británica y el tweed— o incluso el mismísimo Winston Churchill. Es imposible saber cuál fue realmente su implicación con los alemanes, ni si su cercanía al régimen tuvo motivaciones ideológicas o personales, si fue una cuestión de conveniencia o de pura supervivencia. De lo que no cabe duda es de que Mademoiselle fue una gran empresaria, y que a menudo puso su marca y su dinero por encima de todo lo demás.

Una de sus pocas amigas, la maravillosa Misia Sert, decía de ella: «Siempre queda una sensación agridulce al hablar de personas que han cometido errores o que se han portado mal con aquellos que la querían. ¿Fue Mademoiselle Chanel una mala persona? No lo sé, lo que tengo claro es que fue todo un icono de estilo».

En 1955, tras regresar del exilio, Chanel presentó una colección en sintonía con los nuevos tiempos: chaquetas bicolor, bolsos acolchados con cadenas doradas y cinturones —también con cadenas— que hicieron furor, especialmente al otro lado del océano. De esta época data otro de sus grandes éxitos: los famosos zapatos Slingback, destalonados, con un tacón bajo muy cómodo y un diseño bicolor que alargaba la pierna. Son, sin lugar a duda, los zapatos más copiados de la historia y setenta años después siguen de plena actualidad.

Gabrielle Chanel pasó las dos últimas dos décadas su vida bastante sola. Su carácter se volvió cada vez más complicado y se enemistó con casi todos los compañeros de profesión, sobre los que hacía comentarios muy despectivos a los insistentes periodistas, siempre en busca del morbo. Chanel hablaba con titulares y hubiera sido una gran tuitera.

Su vida social se redujo al máximo y apenas hacía otra cosa que trabajar. Falleció en 1971 en la lujosa suite del hotel Ritz que fue su hogar, ante la única presencia de su camarera.

El secreto de su éxito consistió en no limitarse a vestir a la mujer moderna, sino que la representó mejor que nadie. Fue la primera diseñadora en ponerse en el centro, cuidar su imagen y convertirse en figura pública. Gabrielle Chanel y la casa Chanel son inseparables, un todo que creó a la vez una firma histórica y un personaje icónico.

Hoy, su imborrable legado permanece no como una reliquia, sino como una brújula. El tweed, el negro, las perlas, la fragancia: son fragmentos de una sinfonía que Chanel compuso y que sigue resonando, recordándonos que el verdadero estilo no sigue las tendencias, las crea.

LOUISE
BROOKS

EL
BRILLO
DE
LOS
FELICES
AÑOS
VEINTE

«Louise Brooks es la esencia misma del chic, con su personalidad audaz y su estilo geométrico. Su corte de pelo bob no es solo un peinado, es una declaración de independencia».

Kenneth Tynan

Louise Brooks es quizá uno de los iconos más desconocidos de la historia. Una estrella del cine mudo con una carrera muy breve que Hollywood olvidó pronto. De espíritu rebelde, desafió a parte de la industria y encarnó el espíritu de vanguardia de los años veinte. En la era del jazz, formó parte de un movimiento que se basaba en el hedonismo, la libertad y el estilo: las *flappers*. Con su mirada enigmática y su corte de pelo característico fue una gran influencia para todas las mujeres que querían salirse de lo establecido.

Mary Louise Brooks nació el 14 de noviembre de 1906 en Cherryvale, un pequeño rincón de Kansas. Creció en una familia de clase media que se encontraba muy lejos del mundo del espectáculo, pero eso no impidió que desde pequeña mostrara inclinación por las artes y decidiera que su vida no estaría atada a los convencionalismos imperantes en la época. Su pasión por la danza y su espíritu indomable la llevaron a buscar un destino diferente, así que a los quince años fue aceptada por la prestigiosa compañía Denishawn —referente en danza moderna— y abandonó su hogar. Sin embargo, su estancia resultó más breve de lo esperado. Louise, siempre directa, rebelde y segura de su valía, pronto chocó con las rígidas directrices de la compañía. Un patrón que se repitió una y otra vez en su vida: el de la imposibilidad de someterse, el rechazo a ser moldeada por los caprichos de otros.

Se mudó a Nueva York y comenzó su carrera como corista en el Ziegfeld Follies, una famosa revista teatral que supuso un trampolín para muchas jóvenes de la época. Allí vivió sus primeros momentos de fama, y su encanto y su belleza no tardaron en atraer la atención de productores de la incipiente industria del cine.

En los años veinte, el mundo vivía una revolución cultural, y Louise, con su actitud moderna y liberada, se convirtió en el símbolo perfecto de las *flappers*, en mi opinión, uno de los movimientos más interesantes del siglo pasado. Elinor Glyn, la escritora que acuñó el término *it girl*, ya ofrecía por aquel entonces su visión sobre ellas en sus artículos: «La *flapper* tiene encanto, tiene individualidad y puede ser casi lo que quiera, siempre que no le importe», aludiendo a la libertad que suponía que a estas mujeres no les importara lo que decían de ellas.

Los profundos cambios sociales que se produjeron en la década de los veinte favorecieron la aparición de las *flappers*. La Gran Guerra había transformado la vida de las mujeres en muchos sentidos, llevándolas a ejercer un papel más activo en la sociedad, y en algunos países se había concretado en el derecho al voto conseguido gracias a la lucha de los movimientos sufragistas. Las mujeres reclamaban una mayor libertad e independencia, algo que las *flappers* llevarían aún más lejos ya que no limitaban sus reivindicaciones a cuestiones políticas o laborales, sino que también se manifestaban a través de su vestimenta, su comportamiento y su estilo de vida. No podemos olvidar que el Nueva York de la época estaba asistiendo a la eclosión del jazz y la vida nocturna. Tras los sombríos años de la guerra, el hedonismo era un nuevo modo de vida. El crecimiento de las ciudades, la industrialización y la expansión del consumo masivo significaron que las mujeres tuvieran más acceso a productos de moda, cosméticos y entretenimiento.

El verbo *flap*, del que proviene su nombre, significa «revolotear», y hace referencia al sonido tan característico de las suelas del calzado en movimiento. Las *flappers* solían llevar zapatos de tacón bajo, tipo Mary Jane, con una correa en el empeine que muchas veces llevaban desabrochada. Se trataba de un calzado cómodo para recorrer la ciudad, para asistir a las fiestas nocturnas y para no dejar de bailar en toda la noche.

Mujeres jóvenes, de clase media o alta, urbanas y con acceso a la creciente cultura de consumo de la década de 1920 se sintieron atraídas por este movimiento. Muchas de ellas estudiaban en la universidad o trabajaban, es decir, que eran jóvenes que podían experimentar una nueva forma de vida fuera del ámbito doméstico. Su comportamiento desafiaba abiertamente las normas tradicionales: bebían y fumaban en público, conducían, salían sin supervisión masculina y participaban en la vida nocturna. Cosas que hoy nos parecen de lo más común, pero que eran impensables para las mujeres de generaciones anteriores. Los sectores más conservadores de la sociedad las consideraban superficiales, hedonistas e inmorales, ya que promovían la liberación sexual y desafiaban los roles de género, incomodando a muchos.

Las *flappers* como Louise Brooks prestaban mucha atención a su estética. Llevaban vestidos cortos y sueltos que rompían con la moda de los años anteriores, situando ya las faldas justo por encima de la rodilla. Como asistían a fiestas y clubes de jazz y bailaban nuevos estilos como el charleston, que exigían una gran movilidad, necesitaban ropa que supusiera una liberación física. Usaban telas fluidas y ligeras como el satén o la seda para acentuar esa sensación de libertad y, para resaltar todavía más sus movimientos, a menudo adornaban los vestidos con flecos y pedrería o lentejuelas que brillaban a cada paso. Transmitían a través de sus looks que vivían tiempos de celebración y de bonanza.

No faltaban tampoco los accesorios llamativos: los collares de perlas, plumas en los tocados y el uso de la joyería como símbolo de estilo. En el día a día llevaban sombreros de estilo *cloche*, pequeños y ajustados. Las boquillas de los cigarrillos eran para ellas también parte clave de su estética, y una muestra de su actitud libertina y desenfadada.

Introdujeron el maquillaje en su vida cotidiana. Mientras que a lo largo de los siglos el maquillaje había sido símbolo de clase y estatus, a finales del siglo XIX había desaparecido casi por completo, solo quedaron maquillajes muy dramáticos reservados a prostitutas o mujeres de moralidad dudosa. Las *flappers* apostaron por los labios rojos, las pestañas extralargas, delineador en los ojos, y sombras y cejas que enmarcaban la mirada como parte fundamental de su estética. Para ellas esta era una forma de expresarse y un símbolo de empoderamiento.

Pero quizá el rasgo más definitorio de las *flappers* —y en el que Louise Brooks se convirtió en todo un referente— fue el corte de pelo «bob». Las melenas por encima de los hombros, a menudo con flequillo, supusieron toda una revolución al desafiar la noción adquirida a lo largo de los siglos de que el cabello largo era sinónimo de feminidad. El corte bob tenía muchas ventajas: sencillo, elegante, fácil de peinar y de mantener, resultó una especie de liberación para muchas mujeres.

Aunque Louise no inventó este peinado, sí fue una de las primeras en adoptarlo. Vio que una de sus compañeras coristas, en un momento de improvisación, se cortó el cabello en busca de un aire más moderno. A Louise le encantó y lo convirtió en su seña de identidad. Como la mayoría de las mujeres llevaban el pelo largo y ondulado, su corte iba a distinguirla rápidamente. Y así fue. En poco tiempo, las peluquerías de todo el mundo vieron cómo llegaban clientas demandando el «Louise Brooks bob». Una de ellas fue la estrella del cine mudo Colleen Moore, que lo contaba así en su biografía: «El estilo de Louise Brooks era más que moda. Su corte de pelo bob simbolizaba una rebelión contra las normas establecidas de feminidad».

Se dice que, durante los rodajes en Europa, directores y estilistas le pedían constantemente que lo cambiara para que pudiera encarnar papeles más tradicionales, pero ella se negó en redondo. No quería renunciar a un peinado que hablaba por ella y simbolizaba su carácter moderno e independiente.

Fue en Alemania, lejos de las fórmulas de Hollywood, donde Louise Brooks dejó una huella en la historia del cine. En Berlín, el director Georg Wilhelm Pabst la eligió para dar vida a Lulu en el film *La caja de Pandora* (1929), un papel que encarnaba a la perfección la dualidad de la vida de Louise: la luz y la oscuridad, el deseo y la tragedia, la belleza y la fatalidad. Lulu era el epítome de la libertad sexual, de la *femme fatale* que destruye todo a su paso, pero lo hace sin malicia, como una fuerza incontrolable de la naturaleza. Con *El diario de una perdida* Brooks se consagró aún más, proyectando en la pantalla un tipo de feminidad que resultaba demasiado poderosa para las reglas del cine convencional.

Su estilo evolucionó en estas producciones hacia una estética más andrógina y refinada, inspirada por la moda europea. Y es que se encontraba rodeada de un nuevo entorno cultural, un Berlín vanguardista lleno de arte que también influía en las mujeres de esas ciudades. El cine expresionista alemán tenía un tono sombrío y era muy minimalista, y Brooks le dio este toque diferente a su cuidada estética. Llevaba looks simples pero elegantes, con líneas rectas y trajes más formales, que fusionaban la feminidad con elementos tradicionalmente masculinos. El minimalismo es algo que Brooks empezó a hacer suyo y decidió mantener durante el resto de su carrera en una especie de rechazo consciente al exceso y al artificio. Mientras otras estrellas de la época como Greta Garbo o Marlene Dietrich vestían con todo el glamour posible, Louise mantenía una estética minimalista tanto dentro como fuera de la pantalla. Esto la hizo parecer no solo más moderna, sino también atemporal. Se inclinaba hacia prendas monocromáticas, colores sobrios y siluetas simples pero impactantes.

Durante su estancia en Europa se codeó con las principales figuras del ambiente cultural de Alemania o Francia, como Hemingway o su amigo Jean Cocteau. Ella ya había formado parte de la vida decadente y bohemia de Nueva York, donde compartía extravagantes fiestas con el escritor Francis Scott Fitzgerald. Compartió el espíritu que narraba el autor en *El gran Gatsby*, novela que ella adoraba. Se cuenta que, en una fiesta, tras beber más de la cuenta, Fitzgerald la describió como «la única mujer con el corazón tan roto como el de Daisy Buchanan». Brooks, que era tan conocida por su belleza como por su aguda inteligencia, respondió: «Lo que sucede, Scott, es que tú y yo somos solo reflejos de una era que no sabe cómo quererse».

Su papel protagonista como Lulu en *La caja de Pandora* la convirtió en toda una leyenda, pero este personaje también trajo consigo un estigma. Lulu encarnaba la sensualidad desenfrenada, una mujer fatal que, con su belleza y su naturaleza caprichosa, arrastraba a los hombres a la perdición. El impacto de su interpretación fue tan poderoso que muchos no podían disociar a la actriz del personaje. Un famoso crítico alemán escribió: «La tragedia de Louise Brooks es que ella no está actuando. Ella es Lulu». Louise, lejos de rechazar esta visión, la aceptó con la ironía que la caracterizaba: «Lulu y yo somos las dos caras de la misma moneda», declaró en una entrevista.

En la película vestía prendas que resultaban atrevidas para la época, como vestidos negros sin mangas, faldas cortas y blusas ajustadas, que enfatizaban su figura esbelta. Estos atuendos no solo definieron a su personaje, sino que también influyeron en la moda del cine y de las mujeres modernas. En pantalla, su ropa era más funcional y estaba caracterizada por su simplicidad, elegancia y comodidad, lo que contrastaba con los trajes más elaborados y voluminosos que habían sido populares en décadas anteriores.

Louise tenía un enfoque despreocupado hacia el alcohol y el sexo, algo casi inconcebible en unos tiempos en que las actrices debían proyectar una imagen de virtuosidad. Sus romances con directores o escritores eran sobradamente conocidos, pero si algo escandalizaba realmente a Hollywood era su negativa a esconder dichas relaciones. Brooks escribió en sus memorias: «La gente se ofende cuando una mujer dice la verdad, y yo nunca aprendí a mentir con elegancia». Su relación con Charles Chaplin fue la más comentada de todas, pese a que nunca existió una declaración formal. Años después, en su libro *Lulu in Hollywood*, se refirió a Chaplin como un genio complicado y arrogante, lejos de la imagen que proyectaba al público.

El talento de Brooks como actriz siempre estuvo fuera de toda duda. En sus artículos sobre el cine clásico, la famosa crítica Pauline Kael alabó su trabajo destacando que no tenía necesidad de actuar, sino que simplemente era ella en pantalla. Su estilo y su presencia constituían una obra de arte en movimiento. Sin embargo, la industria del cine, que nunca supo qué hacer con su carácter independiente, la dejó de lado. Cuando decidió irse a trabajar a Europa —algo que los estudios Paramount consideraron un acto de traición— intentaron sabotear su carrera vetándola en Hollywood durante un tiempo, aunque no pudieron evitar que sus papeles la convirtieran en una leyenda del cine.

El silencio del cine mudo, que había sido un aliado de Brooks con su aura misteriosa, se vio reemplazado por la irrupción del cine sonoro. Louise se encontró perdida. Toda su vida se había negado a someterse a los contratos de hierro de la industria y nunca aceptó ser manipulada por el sistema de los estudios que querían actrices sumisas. Su desprecio a la autoridad fue legendario y quedó reflejado en varias anécdotas, como la del rodaje de *Beggars of Life*, en la que el director intentó imponerle una postura de «mujer sufrida». Cansada de él y de sus instrucciones, Louise se quitó el vestuario delante de todos y abandonó el set en ropa interior. La producción se paralizó hasta que Wellman se disculpó con ella.

Brooks mantuvo siempre una actitud ambivalente hacia el estrellato. A diferencia de otras actrices que trabajaban para alcanzar la fama, ella parecía rechazarla deliberadamente. En una ocasión, su amigo el escritor Kenneth Tynan cuestionó su actitud autodestructiva hacia su carrera, a lo que ella respondió: «Hollywood es un lugar tan desagradable que me sentiría más cómoda siendo una fracasada aquí que siendo una estrella».

En 1938, con tan solo treinta y dos años, decidió abandonar el cine, esa industria egoísta que no dudó en relegarla al olvido sin ningún miramiento. Se vio obligada a llevar una vida anónima y sencilla, ganándose el pan con empleos precarios como bailarina, dependienta y, según afirman las malas lenguas, como *escort* en Nueva York. En varios momentos vivió al límite de la pobreza, pero lo que parecía el triste epílogo de una estrella caída cambió radicalmente en la década de 1950. Henri Langlois, fundador de la Cinemateca Francesa, afirmó que ella era «la única actriz capaz de hacer algo de la nada», y su obra fue redescubierta con un fervor casi religioso. En un famoso homenaje, Langlois exclamó: «No hay Garbo. No hay Dietrich. Solo está Louise Brooks». Gracias a este potente y prestigioso altavoz, muchos historiadores del cine redescubrieron su trabajo y la reivindicaron como una actriz de gran talento.

Brooks dedicó los últimos años de su vida a escribir sobre su propia vida y el mundo del cine. *Lulu in Hollywood*, sus memorias publicadas en 1982, son aclamadas por su estilo elegante y su honestidad. Trabajó además en la Biblioteca de Cine George Eastman House, una institución dedicada a la preservación de películas.

El estilo de Louise Brooks marcó una ruptura con las normas rígidas de belleza y moda en vigor hasta entonces. Su influencia fue más allá del mundo del cine, convirtiéndose en un referente para diseñadores de generaciones posteriores como Jean-Paul Gaultier o Marc Jacobs, quien realizó una colección inspirada directamente en Louise Brooks tomando elementos como su corte de pelo y su elegancia minimalista para revivir la estética de las *flappers*. La fotografía a partir de los años sesenta también adoptó rasgos de Brooks, con sus líneas sencillas, su peinado perfectamente geométrico y su mirada enigmática. Artistas y fotógrafos han recreado su imagen para representar a la mujer independiente y misteriosa. Su rostro y su figura se han replicado en innumerables editoriales de moda, evocando su estilo moderno y radical.

El corte bob y su estética siguen siendo una referencia de libertad e individualidad en nuestros días. La evolución de su estilo fue no solo una expresión de su personalidad, sino también una declaración política y cultural en un momento en que las mujeres buscaban redefinir su lugar en la sociedad, y por eso Louise Brooks continúa siendo una inspiración para quienes ven en la moda una forma de rebeldía y autenticidad. Su imagen es revisitada constantemente en la moda moderna, convirtiéndola en un icono cultural.

Si algo valoro de su figura es que siempre se mantuvo fiel a su identidad personal, rechazando los estándares de Hollywood para forjar un camino auténtico. Incluso fuera del foco de la industria, su estilo siguió siendo icónico. Su estética *flapper*, el corte bob y su imagen de *femme fatale* en blanco y negro se han convertido en la personificación de la era del jazz y la modernidad de los años veinte y treinta. ¿Acaso hay algo más significativo que definir una época?

MARLENE DIETRICH

LA DESAFIANTE SENSUALIDAD DE LO MASCULINO

«Dietrich es la definición misma de glamour. Cuando entra en una habitación, lo ilumina todo, no importa lo que lleve puesto».

Billy Wilder

Marlene Dietrich es la personificación de una diva: una de las actrices y cantantes más icónicas del siglo pasado que representó todo el glamour de la época dorada de Hollywood, aunque nunca se conformara solo con eso. Además de un gran talento para la interpretación, fue revolucionaria en lo que a estilo se refiere. Cada aparición pública, cada película, cada fotografía suponía un desafío a los géneros y los moldes establecidos. En una época en que las mujeres seguían encasilladas en los estrictos códigos de la feminidad, Dietrich apostó por combinar la seducción con la ambigüedad, la elegancia con el descaro.

En la pantalla podía ser una *femme fatale* envuelta en lentejuelas, ataviada con capas de plumas como si fueran una armadura reluciente. Fuera de ella, adoptaba un estilo minimalista y funcional que contrastaba con el glamour de Hollywood y subrayaba su espíritu independiente. En ambos casos, siempre había un aire de control absoluto: cada prenda, cada accesorio, cada detalle era una extensión de su voluntad.

Se involucraba como nadie en los procesos de vestuario de sus actuaciones y le gustaba ejercer ese control sobre su imagen. Fue una de las primeras actrices en ser consciente del poder de la imagen que proyectaba y se benefició de ello creando a su alrededor siempre un aura de misterio. Sabía cómo aprovechar al máximo su aspecto y cómo usar la ropa para mejorar su presencia en pantalla.

Esto no significa que guardara una imagen clásica y correcta, sino que se arriesgaba con prendas y actitudes que nunca antes se habían visto.

Su nombre artístico —Marlene— es una mezcla de su nombre compuesto: Marie Magdalene. Nacida en Berlín a finales de 1901 en el seno de una familia de clase media, recibió una educación prusiana bastante rígida. Desde pequeña mostró interés por el mundo de las artes —en especial por la música— y soñaba con ser concertista de piano, pero tuvo que renunciar a ello tras un accidente que le dañó la mano. Sus primeros pasos en el teatro y el cine alemán datan de la década de los veinte, con pequeños papeles. Entonces conoció a Josef von Sternberg, el director que lanzó su carrera profesional. En esta época llevaba vestidos desenfadados, con siluetas despegadas y maquillajes atrevidos, propios de la vanguardia artística y el florecimiento cultural de la ciudad durante la República de Weimar.

Sternberg supo ver su talento y juntos partieron a Hollywood para comenzar una colaboración que duró años y de la que nacieron películas que han pasado a la historia del cine como *El ángel azul* o *Marruecos*. Josef contribuyó a la creación de Marlene como diva del cine, y es que en los años treinta daba comienzo la edad dorada de Hollywood, en la que actores y actrices se convirtieron en las personas más famosas del planeta, eclipsando a las bailarinas e incluso a la realeza, que habían sido figuras de referencia en las décadas anteriores.

Con el fin de ayudar a la creación del mito, director y actriz trabajaron en la imagen de una *femme fatale* atractiva y a la vez inalcanzable. Su estilo era sofisticado y sensual. Con el auge del cine en blanco y negro, Dietrich usaba telas brillantes como el satén, que capturaban perfectamente la luz y el dramatismo en la pantalla. Además, para acentuar su aura misteriosa llevaba las cejas muy finas y la maquillaban con labios oscuros y sombras de ojos marcadas que potenciaban su mirada enigmática. Su melena dorada con ondas se convirtió en el peinado estrella de las mujeres elegantes de la década.

En 1930, en la película *Marruecos*, Marlene Dietrich desafió por primera vez las normas de género al aparecer en pantalla con un esmoquin masculino. Se desató un gran escándalo, pues las mujeres por aquel entonces apenas se atrevían a llevar pantalones. Que una gran estrella como ella los luciera con total naturalidad y glamour supuso una revolución que animó a muchas a probar ese estilo andrógino que incorporaba prendas masculinas a su vestuario.

Por descontado, esto era algo que pocas podían permitirse. De hecho, ni siquiera resultaba fácil para una diva absoluta como ella, que tuvo problemas en París por llevar pantalones por la calle ya que estaba prohibido por ley. Ni corta ni perezosa, y pese a haber sido advertida por las autoridades, la actriz decidió desafiar a la policía y pasearse vestida con esmoquin por la ciudad de la luz. ¿De verdad alguien iba a atreverse a arrestar a la señora Dietrich? Su provocación sirvió para que muchas otras siguieran su ejemplo, convirtiéndose en una pionera en defender la libertad de vestir como quisieran.

Tiempo atrás —unos ochenta años antes— ya lo había intentado la diseñadora feminista Amelia Bloomer, quien diseñó los primeros pantalones para mujer. Los *bloomers* eran una especie de pantalones bombachos inspirados en el traje tradicional turco. Era algo lógico, pues muchas mujeres necesitaban prendas cómodas para realizar actividades como montar en bicicleta sin que las capas de sus faldas se engancharan en las ruedas. Sin embargo, recibieron tantos ataques que los *bloomers* desaparecieron. En la década de los treinta la reacción fue parecida: la gran mayoría de la población consideraba los pantalones femeninos como una prenda ridícula y escandalosa, así que, pese a que la tendencia hacia lo andrógino ganó presencia, nunca fueron demasiado populares. En los años sesenta no corrieron mejor suerte, ni siquiera cuando Yves Saint Laurent subió a la pasarela el esmoquin femenino. Logró buena aceptación, pero aún seguía habiendo reticencia por parte de algunos sectores. Por sorprendente que parezca en nuestros días, hasta 1993 no se permitió a las mujeres estadounidenses acudir al Senado con pantalones.

Dietrich usaba en su vida cotidiana pantalones de sastre, chalecos, corbatas y chaquetas masculinas. Desafiando en todo momento las líneas entre masculinidad y feminidad, ya que complementaba este look con su peinado ondulado, unos sensuales labios rojos y su elegancia innata. Su estilo se puede definir como «andrógino chic» y sigue de plena actualidad. Al adoptar piezas masculinas, no solo cuestionó las reglas de género, sino que también reveló la belleza inherente en el contraste: hombros anchos y cortes angulares que enmarcaban su delicada silueta, o un sombrero de ala ancha que ocultaba su mirada solo para hacerla más intrigante. Sin embargo, más allá de lo que llevaba puesto, su verdadera elegancia residía en cómo lo llevaba: con una confianza que parecía decirle al mundo que no debía disculparse por nada.

Consciente de la provocación que suponía, en la famosa escena del esmoquin de *Marruecos* aparece además besando a otra mujer. Marlene era bisexual y lo decía abiertamente tanto en su círculo familiar como entre sus amistades. Aunque no hacía declaraciones públicas sobre su sexualidad —no hubiera sido aceptado—, la información era suficientemente pública como para que Dietrich se convirtiera en todo un icono para la comunidad LGTBI+ durante varias generaciones. La escena del esmoquin es un momento histórico y crucial de la representación de la comunidad en el cine.

A medida que avanzaba la década de los treinta, la situación mundial cambió drásticamente y Dietrich fue una de las primeras celebridades que no dudó en posicionarse abiertamente contra los nazis. Hitler admiraba su trabajo y quiso atraerla a su causa haciéndole jugosas propuestas para rodar en Alemania. No solo rechazó sus ofrecimientos, sino que en 1939 renunció a la ciudadanía alemana para mostrar su disconformidad con lo que estaba sucediendo en su país natal. Y es que, aunque Hitler buscaba el apoyo de figuras de referencia en todas las disciplinas, su opinión respecto a la liberación de la mujer estaba a años luz de lo que defendía Marlene. El Führer detestaba la moda cada vez «menos femenina» y reivindicaba para su país dóciles amas de casa que no llevaran el pelo a lo *garçon* ni vestimentas masculinas.

Durante el trascurso de la Segunda Guerra Mundial, Dietrich apoyó a los aliados: ayudó en la recaudación de fondos e incluso viajó a lugares peligrosos para actuar frente a los soldados. En este periodo adaptó su estilo a las circunstancias. Siempre elegante y glamurosa, incorporó elementos propios del vestuario militar a sus atuendos con el fin de realzar su patriotismo. Llegó a lucir trajes y uniformes personalizados donde las siluetas estaban pensadas para favorecer su figura. El resultado era impecable: complementaba estos looks con sus peinados ondulados y los maquillajes marcados que eran parte de su sello personal. Marlene Dietrich se convirtió no solo en un icono sino también en un símbolo de esperanza y belleza en los tiempos más grises. Tras la guerra, fue condecorada con la Medalla de la Libertad, que en Estados Unidos es el mayor símbolo de honor civil.

Terminado el conflicto, volvía a resurgir en la sociedad el deseo de recuperar la clase y la sofisticación despreocupada que Dietrich supo aprovechar como nadie. La alta costura vivía un auge de la mano de nuevos diseñadores como Christian Dior, con el que colaboró en varias ocasiones. Su estatus de icono de la moda seguía afianzándose y ella demostraba ser muy consciente de su influencia en declaraciones como esta: «El glamour es lo que hago; el estilo es lo que soy».

En las décadas de los cincuenta y los sesenta su carrera cinematográfica entró en declive, por lo que potenció su faceta como cantante recorriendo muchos países y ofreciendo conciertos que destacaban tanto por su carisma —los expertos destacan que no tenía una voz privilegiada— como por un vestuario espectacular. Dietrich fue de las primeras artistas en realizar giras internacionales de gran éxito en las que actuaba vestida con piezas de alta costura, mientras deleitaba al público con su presencia cantando canciones en varios idiomas como *Lili Marlen*, *La vie en rose*, *Where Have All the Flowers Gone*?

Muchos de los atuendos que lucía en sus actuaciones fueron creados por el diseñador Jean Louis, que tenía un ojo magnífico para resaltar la belleza femenina, y se había encargado de realizar el vestuario de películas icónicas como *Gilda*, en la que vemos a una imponente Rita Hayworth cantando y bailando en una escena que ya forma parte de la historia del cine y de la moda.

Dietrich era controladora hasta el extremo y quería verse impecable desde cualquier ángulo. Jean Louis sabía cómo lograrlo. Se dice que, antes de sus actuaciones, Dietrich practicaba horas en su camerino para que no hubiera una sola imperfección en su actuación, su voz o su imagen, y siempre se aseguraba de tener la iluminación correcta. No iba a ningún sitio sin su equipo de maquilladores y diseñadores, que velaban por que todo estuviera a su gusto. Marlene y Jean Louis compartían obsesión y cuidaban hasta el más mínimo detalle, jugando con los atuendos que realzaban las líneas de su silueta y que además añadían el toque de teatralidad que tanto les gustaba. Para ello, Jean Louis utilizaba tejidos que captaran y reflejaran las luces del escenario, de tal forma que la intérprete parecía casi una «visión», y reforzaran esa aura misteriosa e inalcanzable de su personaje.

Los vestidos glamurosos de lentejuelas y las plumas se convirtieron en elementos esenciales en sus actuaciones. Uno de los looks más recordados y que dejó a los asistentes sin palabras es el que llevó para sus actuaciones en Las Vegas en los años cincuenta. Se trataba de un vestido casi invisible que confeccionó en malla de seda transparente y a la que añadió pequeños cristales para cubrir únicamente ciertas zonas de su cuerpo, creando así la ilusión de estar prácticamente desnuda. Otra de las piezas más especiales fue un impresionante vestido hecho con plumas de cisne. Sobre el escenario las plumas se movían mientras ella caminaba creando un efecto hipnótico. Para conseguir esa ilusión, Jean Louis utilizó una gran cantidad de plumas colocadas estratégicamente para envolver todo su cuerpo dando la sensación de flotar sobre el suelo. Además, la artista sabía exactamente cómo potenciar su presencia en el escenario con los movimientos adecuados para que el resultado fuera inolvidable.

Juntos idearon soluciones de lo más ingenioso para conseguir ese vestuario impecable, que no dejaba indiferente a nadie. Una de las características más reconocibles del estilo de Marlene eran los looks que enfatizaban su cintura. Jean Louis trabajaba como un arquitecto que jugaba con las formas para marcar todo lo posible su silueta «reloj de arena». Utilizaba trucos como colocar varias cintas alrededor de la cintura para que quedara lo más ajustada posible debajo de los vestidos, y también consiguió crear las primeras medias invisibles que podemos encontrar en la historia, ya que a Marlene no le gustaba cómo quedaban las medias tradicionales con las luces (no sabéis cómo la entiendo). Jean Louis creó unas medias de una seda muy ajustada y casi imperceptible, lo que llevó a expandir el rumor de que actuaba con las piernas desnudas.

Otra de las obsesiones de Dietrich tenía que ver con el calzado. Necesitaba que los tacones fueran totalmente simétricos y no hicieran ruido al moverse en el escenario. Jean Louis le confeccionaba zapatos a medida, siguiendo sus indicaciones de altura del tacón, forma y color. Y es que la suya era una relación simbiótica, en la que ambos aportaban sus ideas y sus conocimientos para alcanzar la excelencia.

Como estilista, hay una anécdota suya que me encanta. Durante una de sus actuaciones, se le abrió accidentalmente un abrigo de visón dejando a la vista un fallo en la confección. La artista, con total elegancia usó su pañuelo para tapar el desajuste sin que casi nadie se diera cuenta del accidente y dejando que el público creyera que lo del pañuelo formaba parte del show. No hay duda de que Marlene sería la reina de los *tips* de moda que ahora compartimos en redes sociales. Tenía una habilidad increíble para jugar con las prendas y los accesorios a su favor.

Cada aspecto de su vestimenta estaba pensado para maximizar el impacto de su presencia y su *performance*. Louis tenía muy clara la imagen que Dietrich deseaba proyectar: una figura de elegancia fría y distante, siempre impecable. Su trabajo en conjunto marcó un antes y un después en el diseño de vestuario para espectáculos, y su legado sigue vivo en el mundo de la moda y el entretenimiento.

Marlene Dietrich intentó que su vida personal quedara en el ámbito privado, algo que no siempre consiguió. Se casó en 1923 con Rudolf Sieber, con el que mantuvo una relación moderna y abierta. Marlene protagonizó numerosos rumores y le atribuyeron multitud de romances con destacadas figuras de su época como Ernest Hemingway o John Wayne —ambos declararon su admiración por ella—, y también mujeres como Mercedes de Acosta o la escritora Clare Boothe Luce. Durante la guerra logró salvar la vida de otro de sus amantes: el actor Jean Gabin fue herido de extrema gravedad mientras combatía con el ejército francés. Dietrich no paró hasta que fue trasladado a un buen hospital en Estados Unidos donde pudo recuperarse.

Su hija Maria Riva publicó en 1992 una biografía en la que recuerda a su madre con una mezcla de admiración y crítica, proporcionando una visión compleja de la artista. En ella relata cómo

Dietrich vivía básicamente para su imagen pública y hasta en la intimidad de su hogar se preocupaba por seguir con el «personaje». En casa estaba siempre maquillada y bien vestida y, según confiesa su hija, en más de una ocasión intentó manipular a los fotógrafos para asegurarse de que las fotografías que le hacían continuaran con esa visión idealizada de sí misma que quería mantener. A la señora Dietrich le hubiera encantado conocer el Photoshop.

No cabe duda de que envejecer fue una experiencia muy complicada para la artista. Obsesionada con que el público la recordase en su máximo esplendor, fue retirándose gradualmente de la vida pública y en 1979 interpretó uno de sus últimos papeles en la película *Gigoló* junto a David Bowie (uno de los grandes iconos de estilo masculinos). Retirada en París, apenas salía de su apartamento y rechazaba todo tipo de propuestas y entrevistas. En 1984 Maximilian Schell quiso rodar un documental sobre ella y Marlene se encontró en la tesitura de tener que elegir entre contar con su propio documental —algo imprescindible para una gran estrella como ella— o seguir preservando su imagen. Resolvió el dilema con una solución intermedia: impuso la condición de que no tomasen ninguna imagen actual suya y a cambio ella permitiría que grabasen su voz.

En la serie *Becoming Karl Lagerfeld* podemos ver cómo el diseñador había logrado convencerla algunos años antes para aparecer por última vez en la revista *Vogue*. Se trataba de un número especial, dedicado por completo a su figura y a su influencia como icono de estilo. Las fotografías serían de Helmut Newton y vestiría un diseño realizado por Lagerfeld exclusivamente para ella. La idea de unir el talento de tres alemanes que habían triunfado en la capital de la moda sonaba maravillosa y la actriz aceptó la propuesta. Sin embargo, parece que el traje que Karl había creado para ella no le gustó y decidió volver a encerrarse en su apartamento. El mundo perdió el que habría sido un número legendario de la revista, pero

Dietrich no estuvo dispuesta a sacrificar la imagen que había creado tan a conciencia durante décadas.

Seguramente por decisiones como esta Dietrich nunca perdió su aura de misterio. Si tenía que salir a la calle, optaba por usar velos o abrigos de piel intentando ocultarse al máximo, lo que solo aumentaba la leyenda en torno a su figura. Este elemento de distanciamiento ayudó a cimentar su estatus como un mito del cine y de la moda. Como escribió Cecil Beaton en *Vogue*: «Marlene Dietrich es una mezcla asombrosa de realidad y ficción. Su imagen es tan poderosa que uno no sabe dónde termina la mujer y dónde comienza el mito».

Falleció el 6 de mayo de 1992 tras una larga vida. Lo hizo en París, ciudad que había convertido en su hogar. Fue enterrada en Berlín, la ciudad que la vio nacer, cumpliendo con su deseo de descansar en esa patria que había rechazado mientras los nazis estuvieron en el poder y con la que mantuvo una relación complicada. A su funeral asistieron más de mil quinientas personas.

Su estilo ha influenciado a muchos diseñadores. Coco Chanel se refirió a ella como «la encarnación del verdadero chic» e Yves Saint Laurent o Tom Ford la han citado como inspiración fundamental en sus diseños, sobre todo por los juegos entre lo masculino y lo femenino. Marlene Dietrich transformó la moda en una extensión de su personalidad, utilizando la ropa para proyectar poder, elegancia y misterio. Su capacidad para desafiar las normas y su perfeccionismo en los detalles hicieron de ella una figura revolucionaria. Con su cigarrillo encendido y su mirada fija, Marlene Dietrich no solo redefinió la moda, sino también la idea de lo que significa ser uno mismo.

AUDREY HEPBURN
ELEGANCIA EN MOVIMIENTO

«Audrey Hepburn fue la más grande de todas las bellezas. Su elegancia, su gracia y su simpatía eran más profundas que cualquier cosa que la moda pudiera ofrecer».

CECIL BEATON

El estilo de Audrey Hepburn es uno de los más emblemáticos y admirados en la historia de la moda. Conocida por su elegancia natural, su gracia inconfundible y su sencillez sofisticada, Audrey encarnaba la verdadera definición de la «elegancia atemporal».

Audrey poseía una habilidad casi mágica para transformar lo cotidiano en icónico. En ella, un pantalón capri combinado con bailarinas, un *trench* sobre un vestido de día o una camisa blanca anudada parecían piezas sacadas de un cuento de hadas moderno. Sus ojos delineados y su flequillo ligeramente despeinado se convirtieron en emblemas de un estilo que nunca buscaba impresionar pero que siempre lo lograba.

Lo que hacía de Audrey un icono eterno no era solo lo que llevaba, sino cómo lo llevaba. Existía en ella una mezcla de fragilidad y fortaleza, una dualidad que se reflejaba en su porte. Su estilo trascendió la moda de su época y sigue siendo un referente para generaciones de mujeres en todo el mundo. Edith Head —la diseñadora de vestuario que ganó ocho premios Óscar— afirmaba que Hepburn, al igual que Marlene Dietrich, había entendido la moda mejor que ninguna otra actriz: «Siempre se adelantaba a su tiempo en temas de moda. Presentaba, deliberadamente, un aspecto diferente al del resto de las mujeres».

Audrey Kathleen Hepburn-Ruston van Heemstra nació en Bruselas fruto del segundo matrimonio de su madre, la baronesa neerlandesa Ella van Heemstra, y en mitad de la crisis de 1929. La relación de sus padres era muy complicada y el padre finalmente las abandonó, y desde entonces Audrey se volvió una niña tímida y sensible y con mucho apego a su madre.

Estudió danza en el Conservatorio y, desde el principio, las profesoras alabaron su talento. Siempre he pensado que el ballet es una disciplina que favorece la elegancia, que tiene mucho que ver con los gestos, los movimientos. Quizá de ahí le venía a Audrey ese porte tan especial. Su sueño desde pequeña era ser bailarina, pero la ocupación nazi despojó a su familia de todo lo que tenían, truncó los planes que habían trazado e incluso el hambre llegó a sus vidas, dejando una huella imborrable en ella. Su hermano fue deportado a un campo de concentración y vio morir fusilados a miembros de su familia.

Audrey era una joven desnutrida y sensible en medio de una guerra terrible. Acudía a sus clases de ballet sin haber comido en todo el día y —según cuentan— llegó a alimentarse de bulbos de tulipanes para sobrevivir. Pese a la dureza de lo que vivió aquellos años, logró salir adelante y aquello se convirtió en un aprendizaje para el futuro. La guerra y el hambre forjaron su carácter y sus valores. Sin el propósito de romantizar las penurias de su infancia, lo cierto es que la transformaron en la persona que fue.

Ella y el resto de las muchachas del ballet arriesgaban sus vidas ocultando mensajes para la Resistencia en sus zapatos, recaudaban fondos y empezaron a reunir a centenares de personas en sus actuaciones. Consiguieron trasladarse a Ámsterdam y allí un director cinematográfico se quedó prendado de Audrey, y le dio su primer papel debut en el que hacía de azafata.

Audrey no había conocido un atisbo de moda o de lujo en su vida hasta entonces. En tiempos de guerra, sobrevivir es la prioridad y así fue también en su caso. Viajó a Londres para buscarse la vida en compañías teatrales y realizaba trabajos de todo tipo para subsistir, el de modelo entre ellos. Su rostro comenzó a hacerse conocido en el sector y muchas personas empezaron a fijarse en esa belleza tan diferente y especial que tenía.

A lo largo de la historia ha habido distintos cánones de belleza, estilos predominantes de lo que se consideraba «bello» en cada momento. Dentro de estos estereotipos siempre nos encontramos excepciones, personas como ella con una belleza singular y fuera de lo común. Es posible que Audrey no encajara con la definición teórica de «belleza» propia del momento en que vivió y que proponía mujeres más voluptuosas. Sin embargo, no fue un obstáculo para su éxito. Tenía algo tan único que destacaba. Décadas después, ¿qué mujer no querría ser como Audrey Hepburn?

«Admito que no tengo el cuerpazo de Sophia Loren o de Gina Lollo-como-se-llame. Pero el atractivo tiene que ver con algo más que con las medidas», declaró, fatigada, a la revista *Weekend Magazine* en 1969, ya cerca de cumplir los cuarenta. «Antes de la Segunda Guerra Mundial no había nadie que se le pareciera, ahora hay miles de imitaciones», afirmó el célebre fotógrafo y diseñador Cecil Beaton que conoció a la actriz cuando creó el maravilloso vestuario de la película *My fair Lady*.

En los primeros años londinenses trabajó en musicales. Aparcó su pasión por la danza para intentar convertirse en actriz y fue logrando pequeños papeles en películas de calidad notable. Conoció a la escritora Colette en el vestíbulo de un hotel y ahí llegó su gran oportunidad. Pasaron el día juntas en su apartamento, donde el gran Irving Penn la fotografió para *Vogue*. Al final de ese mágico día, Colette le propuso protagonizar la adaptación para Broadway de su obra *Gigi*. Esta actuación cambió su vida para siempre. Recibió el aplauso unánime de crítica y público. Tras ella llegó *Vacaciones en Roma*, el Óscar… Su carrera ya era imparable.

«La moda llegó a mi vida cuando tuve mi primer vestido de alta costura, de Hubert de Givenchy. Era de una belleza extraordinaria», dijo Hepburn. El joven diseñador francés se hizo cargo de vestirla en la película *Sabrina*. Según cuentan, la primera impresión no fue buena. El modisto nunca había oído hablar de Audrey y se sintió decepcionado al descubrir que no se trataba de Katharine Hepburn. Sin embargo, el tándem que formaron fue todo un éxito y cambió para siempre la relación entre el cine y la moda, dejando creaciones que han pasado a la historia. Y no solo eso, sino que establecieron un vínculo personal y profesional que los acompañó toda la vida.

La comunicación fluyó muy bien entre ellos: ambos abogaban por un estilo sencillo y elegante. Mientras el modisto trabajaba en resaltar su belleza, la actriz colaboraba de forma activa en sus creaciones. Juntos reversionaron el *little black dress* de Chanel, cuyas líneas rectas y simples eran ideales para Hepburn. Le añadieron unos lazos en los tirantes y un corte en la cintura. Audrey le pidió además subir un poco el escote para ocultar sus clavículas, un gesto que cambió para siempre la moda. Ese escote horizontal pasó a llamarse «escote Sabrina», igual que la película, y se convirtió en el favorito de muchas mujeres de la época. Repitieron fórmula en la ceremonia de los Óscar de 1954, donde ganó el premio por *Vacaciones en Roma*. Audrey dijo que era su vestido de la suerte.

Pero si hay una película que ha permanecido en la retina de los espectadores y ha pasado a la historia de la moda esa es, sin duda alguna, *Desayuno con diamantes*. No hay escena más icónica que el comienzo del filme, en el que la actriz se encuentra frente al escaparate de Tiffany's con el pelo recogido, unas maxigafas de sol de Oliver Goldsmith, un collar de perlas, guantes y un sencillo vestido negro. Podría decirse que todos los estilismos de la película son memorables, pero esta escena ha trascendido como ninguna otra en la historia del cine.

Se trata de nuevo de una reinterpretación del *little black dress*, realizado a medida por Givenchy para la actriz. Es el look más copiado, imitado y referenciado a lo largo de la historia. El famoso vestido fue subastado por Christie's en 2007 y alcanzó la cifra de 700.500 euros, convirtiéndose en el precio más elevado pagado por una prenda de vestuario de cine. Sus últimos propietarios fueron el escritor francés Dominique Lapierre y su esposa, quienes destinaron todo lo recaudado a su ONG Ciudad de la Alegría en la India y que sirvió para abrir quince colegios, en un gesto que hubiera encantado a la actriz.

La relación de la actriz con el modisto fue muy estrecha. No eran simplemente musa y diseñador, sino que les unía una profunda amistad. Según le contó su hijo Luca a Meghan Friedlander, «Hubert era más que un amigo; era su hermano, su modisto y su alma gemela, y por esa razón lo nombró albacea de su testamento. Era la única persona, por encima de todo, en la que confiaba explícitamente». Tal era la fe que Audrey tenía en Givenchy que exigía por contrato que fuera él el encargado del vestuario en sus películas. Ambos se reunían antes del rodaje para elaborar los estilismos que el modisto iba a crear para ella y cerraban juntos todos los detalles. Este trabajo en común fue clave en el éxito de los dos: si bien por una parte hacía que el vestuario de la película destacase pero siendo creíble y apropiado; por la otra encumbró a Audrey como el icono de estilo que es hoy en día.

«Es mucho más que un *couturier*, es un creador de personalidad —decía Audrey de Givenchy—. Me dio un estilo, una mirada y una silueta», algo que ella sin duda supo hacer suyo. Pero eso no quiere decir que sus aportaciones no fueran importantes o no tuviera un gusto exquisito. En 1965, cuando estaban creando el vestuario de *Cómo robar un millón*, Audrey propuso llevar una máscara de encaje en una de las escenas. Aquella vez discreparon, ya que el diseñador consideraba que podría resultar un disfraz impostado, de carnaval, pero finalmente confió en la intuición de la actriz y fue un gran acierto.

Además de la complicidad y el éxito del que gozaron en la gran pantalla, conocían el poder de la moda y lo llevaron más allá del cine con ideas como el precioso look rosa empolvado que Givenchy creó para su segunda boda, o que Audrey se convirtiera en la primera actriz en ser imagen de un perfume, protagonizando la campaña de L'Interdit, una fragancia inspirada y creada por y para ella. Según cuenta la leyenda que ha trascendido acerca del nombre del perfume —«Lo prohibido»—, proviene de la reacción de la actriz al conocer que el modisto pensaba comercializarlo para el resto de las mujeres, a lo que ella respondió: «Mais, je te l'interdit!».

El estilo sencillo e impecable de Givenchy casaba a la perfección con ella, pero una de las mejores muestras de que existía un glamour innato en ella se encuentra en la versatilidad que presenta. Cuando en películas como *Dos en la carretera* llevaba un vestuario mucho más moderno y vanguardista, sigue siendo creíble y fascinante. Las minifaldas de Mary Quant o los memorables looks futuristas de Rabanne que vemos en esta cinta son otro de los grandes ejemplos de cómo la moda juega un papel esencial en muchas películas.

Pero lo que más me gusta de la figura de Audrey Hepburn es que logró mantener la categoría de icono de estilo fuera de la pantalla pese a tener una imagen muy sencilla. De hecho, si hago un repaso a sus looks fuera y dentro de ella, me quedaría con los primeros (con todos mis respetos al señor Givenchy). Su elegancia innata elevaba cualquier prenda por muy básica que fuera. Y es que, aunque Hepburn no era una mujer obsesionada con las tendencias, sus looks sí son muy representativos de lo que fue la moda en esos años. Jugaba con esas siluetas haciéndolas suyas, y repetía las fórmulas que le funcionaban continuamente. Si hay un «look Audrey» sería sin duda el compuesto por unos pantalones capri por debajo de la rodilla, una camisa blanca anudada y unas bailarinas. Como no podría ser de otra manera, este era el calzado favorito de esta amante del ballet, que tenía un par prácticamente en cada color, y se las hacía el diseñador Salvatore Ferragamo.

Hepburn solía elegir una paleta apagada de negro, blanco, beis y algún toque rosa. Tenía mucha intuición para combinar las prendas, que normalmente eran minimalistas como sus minivestidos sin mangas, a excepción de algunos pantalones estampados como los de cuadros vichy.

También le gustaba incorporar a sus looks algunos accesorios que se convirtieron en piezas clave para su estilo, sobre todo las maxigafas de sol y los pañuelos en el pelo. Quizá esto vino de una estrategia de camuflarse en la calle como hacen muchas personas famosas (no olvidemos su carácter tímido), pero sin duda le dieron un toque de estilo inigualable y muy chic. «Mi estilo es asequible. Las mujeres pueden verse como yo si tienen el pelo corto, gafas de sol grandes y vestidos pequeños sin mangas».

Del mismo modo que Audrey era fiel a su modisto, también lo fue a su maquillador y a su peluquera: el matrimonio compuesto por Alberto y Grazia Rossi, quienes contribuyeron enormemente a la construcción de su imagen. Su mirada era el centro, e idearon un maquillaje que poco tenía que ver con la tendencia de la época de ojos de gata y labios marcados. Su belleza especial merecía algo diferente. Alberto Rossi potenciaba sus ojos almendrados con un delineado muy delicado, elevándolos y añadiendo muchas veces pestañas postizas. Además, le gustaba resaltar mucho las cejas, lo que enmarcaba aún más su potente mirada.

Siempre atrevida en cuanto a cortes de pelo, el cabello corto que llevó durante años pasó a llamarse «a lo Audrey», y también era muy característico su flequillo, redondeado y hacia un lado. Asimismo fue pionera a la hora de llevar mechas, que se pusieron muy de moda cuando se estrenó *Desayuno con diamantes*, al igual que los elegantes moños italianos que lucía cuando llevaba el pelo más largo. En palabras de Giorgio Armani: «Audrey Hepburn nunca fue una mujer pretenciosa, y su estilo reflejaba eso. Lo que hacía era accesible para todas las mujeres».

Conoció el éxito profesional en la mayoría de la veintena de películas que realizó. El mundo de la moda se fijó en ella durante décadas, siendo protagonista de muchos reportajes, editoriales y trabajando con grandes referentes como la editora de *Vogue* Diana Vreeland o el gran fotógrafo Richard Avedon. Juntos crearon imágenes que potenciaban su figura como icono. Hepburn fue incluida en 1961 en la lista del Salón Internacional de la Fama de las Mejor Vestidas.

Sin embargo, llegó un punto en el que la fama la abrumó demasiado. Tomó la decisión de rechazar papeles y contratar guardaespaldas que velaran por su seguridad. En su vida personal no todo eran éxitos, y sus seres queridos cuentan que solía sufrir depresiones y que vivía con una melancolía innata. Dedicó gran parte de su vida a los demás, no solo a sus familiares y amigos sino a ayudar en la construcción de un mundo más justo.

Durante mucho tiempo trabajó como embajadora de Unicef y dedicó sus últimos años a defender la infancia. De hecho, se cuenta que retrasó la operación que necesitaba para tratar su cáncer de colon para poder ir por última vez a Somalia y comprobar que había llegado la ayuda de las tropas estadounidenses. Esta decisión perjudicó enormemente su salud. «Dicen que morir es como dormir, y como a mí me gusta tanto dormir, no me asusta la idea. Lo que más lamento es que me voy a marchar de este mundo sin haber podido concluir mi tarea».

Algo que me fascina de ella, y que por desgracia no siempre se cumple con los iconos de estilo —y con las mujeres en general—, es que no tenía miedo a envejecer y siempre fue muy natural. Por eso, en las últimas imágenes que tenemos de Audrey seguimos viéndola a ella. Sentía que la edad era un privilegio y utilizaba su bagaje y su influencia para ayudar. Una de las citas favoritas de

Audrey es de un poema de Sam Levenson que dice: «*A medida que envejezcas, descubrirás que tienes dos manos: una para ayudarte a ti misma y la otra para ayudar a los demás*».

Con su figura delicada y su gracia innata, Audrey Hepburn no solo fue una actriz legendaria, sino también un icono que definió una era y cuyo legado sigue resonando como un susurro de elegancia. Era una mujer que transformaba la simplicidad en algo sublime, tejiendo un aura de atemporalidad en cada gesto, en cada mirada, en cada prenda. Hoy, Audrey no es solo un icono de estilo; es un recordatorio de que la verdadera elegancia no se encuentra en lo que se lleva, sino en cómo se lleva. Su imagen, grabada en blanco y negro, sigue iluminando el mundo del cine, la moda y la belleza.

JACKIE KENNEDY ONASSIS

UNA NOTA DE COLOR EN EL GRIS DE LA POLÍTICA

«Ninguna otra mujer tenía su estilo, nadie hablaba como ella, ni escribía como ella ni mostraba tanta originalidad».

EDWARD KENNEDY

Jacqueline Kennedy Onassis es una de las mujeres célebres a la que con más cariño y estima se recuerda. ¿A quién no le gusta su estilo? En cada aparición, Jackie tejía un relato visual donde la sofisticación encontraba un equilibrio perfecto con la simplicidad. Su manera de vestir era un mosaico de líneas limpias, colores serenos y detalles cuidadosamente pensados. Jackie convirtió la moda en diplomacia silenciosa, utilizando su armario como un puente cultural. Desde su llegada a la Casa Blanca como «primera Dama de la moda» hasta su posterior evolución a Jackie O., su vida es una lección de estilo tras otra, aunque por desgracia también estuviera marcada por la tragedia.

Nació en una familia con raíces europeas. De clase acomodada, tenían su residencia en el neoyorquino Upper East Side y veraneaban en los Hamptons. Formaban parte de la *socialité* estadounidense con todo lo que ello implica, y es que su madre siempre albergó grandes esperanzas sobre el futuro de sus dos hijas: Lee y Jacqueline. Ambas crecieron con la presión de lograr una buena posición social, presión que aumentó cuando su padre se arruinó y lo perdieron casi todo. El matrimonio terminó divorciándose —algo poco habitual en la época entre su clase social— y eso hizo que siempre se sintieran señaladas. Debido a esta amarga experiencia, su madre las instruyó desde muy jóvenes en la necesidad de «casarse bien», para que no sufrieran la misma situación que ella. Aunque Jackie superó todas las expectativas, lo cierto es que se tomó su tiempo: mientras sus amigas se casaban, ella priorizó sus estudios y se marchó a París para estudiar Historia en La Sorbona y Arte en el Louvre. «Nunca me convertiré en una simple ama de casa», se prometió a sí misma. Y desde luego, lo cumplió.

Su padre, John Vernou Bouvier, era un agente de bolsa que vestía con elegancia. Le gustaba llevar a sus hijas de compras y puede decirse que heredaron de él su sentido de la moda. A diferencia de Janet, su madre, John tenía un pensamiento más liberal y apreciaba el hecho de que su hija quisiera labrarse un futuro propio. Se esforzó en buscar oportunidades para ellas, aunque la situación económica y la rigidez de su entorno no siempre se lo permitieron. Jacqueline soñaba con volver a París, así que se presentó a un concurso de la revista *Vogue* cuyo premio consistía en un contrato de seis meses como asistente en la edición francesa de la revista y otros seis en la estadounidense. Ganó el premio, pero su madre no le permitió vivir esa aventura: le horrorizaba la posibilidad de que Jackie regresara a París, y además para trabajar. Como compensación, decidió pagarles un viaje a las dos hermanas por Italia y la Toscana para que se codearan con la nobleza del momento, experiencia que sintonizaba mucho mejor con el propósito que Janet se había fijado para sus hijas.

Resulta muy interesante leer el artículo con el que ganó el concurso. En él incluía una divertida descripción de sí misma, que demuestra una mirada inteligente y carismática: «Mido un metro setenta, tengo el pelo castaño, una cara cuadrada y unos ojos tan distantes el uno del otro que se necesitan tres semanas para hacer un par de gafas con un puente lo suficientemente ancho para mi nariz. No tengo una silueta sensacional, pero puedo parecer delgada si elijo la ropa adecuada». Leyendo estas ingeniosas frases no puedo evitar pensar que, si Jackie hubiera podido aceptar ese premio y el trabajo, quizá se habría convertido en una editora de moda famosa a la altura de las más grandes: Diana Vreeland o Anna Wintour, con un destino muy diferente y quién sabe si una vida más feliz.

En 1951 Jacqueline se graduó en Literatura francesa y comenzó a trabajar en el *Washington Times-Herald* como fotógrafa y articulista. Le interesaba la sociedad y la política, y entrevistaba a todo tipo de ciudadanos y personalidades. Así conoció a su futuro marido, el por entonces congresista John Fitzgerald Kennedy: un apuesto joven con el que encajaba de maravilla y que ya era conocido como «el más atractivo del Congreso». En aquel momento John sentía una enorme presión para casarse y de ese modo acallar su imagen de mujeriego, que estaba perjudicando su imagen política. En su entrevista, Jackie le lanzó esta pregunta: «¿Por qué debería casarse un soltero feliz?». Poco tiempo después, ella se convertiría en la respuesta. Coincidieron en una cena de amigos comunes y el flechazo resultó inevitable: Jacqueline se integró a la perfección en la familia Kennedy y él pidió su mano con un anillo de esmeraldas y diamantes inspirado en el que Napoleón le regaló a Josefina. El país entero se preparó para «la boda del año».

El enlace tuvo lugar, una ceremonia multitudinaria, clásica y muy alabada, que empezó con un mal presagio: tan solo diez días antes de la boda el taller donde se confeccionaba su traje de novia se inundó, dejándolo completamente inservible. Ann Lowe tuvo que improvisar uno nuevo a toda prisa. El vestido resultó mucho más clásico de lo que Jacqueline habría elegido, en parte por imposiciones de su madre y de su suegro. Era realmente opulento y constaba de cincuenta metros de tafetán, un corpiño para resaltar la cintura y una gran falda adornada. Pese a todos los inconvenientes, consiguió que se viera bonito y le quedaba perfecto. Además, le añadió su toque personal: un collar de perlas que funcionaba muy bien con el escote barco del vestido —similar al que lució Meghan Markle en su boda real—, y que se convertiría en el complemento más significativo de su indumentaria a lo largo de los años. Tras la fiesta, eligió un sencillo traje sastre de Chanel, mucho más de su estilo. Ya en su luna de miel se referían a ellos como «la pareja más glamurosa del siglo».

La proyección política de John subió como la espuma y pronto se embarcó en una posible candidatura a la Presidencia de los Estados Unidos. La vida familiar quedó relegada a un segundo plano en el que Jackie se esforzaba en aparentar ser la esposa perfecta mientras lidiaba con infidelidades, problemas de salud y un durísimo golpe como fue el fallecimiento de su primera hija al nacer. La victoria frente a Nixon fue muy ajustada y, desde ese mismo instante, Jackie supo que su vida había cambiado para siempre. Cuentan que al conocer que la noticia era inminente, Jacqueline se marchó a pasear sola por la playa, consciente de que quizá fuera la última vez que podía disfrutar de esa libertad.

Jackie no tuvo apenas protagonismo durante la campaña, y con los años se descubrió que había sido un gran error no dárselo, ya que poseía una inmensa capacidad para conectar con la gente, que la adoraba. Por descontado, también contaba con detractores y la prensa le dedicó algunas críticas en las que la tachaban de ser superficial y de gastar demasiado dinero en alta costura. Nada de eso impidió que se ganara el cariño de mucha gente, que apreciaba en ella su cercanía, su amabilidad y su enorme cultura.

La moda era también un pilar fundamental para ella y sabía que a partir de ese momento su imagen tendría que estar cuidada al detalle. Confió esta misión a uno de sus diseñadores de cabecera, Oleg Cassini, que se hizo cargo de sus estilismos a partir de entonces. Discípulo del gran Jean Patou, Cassini creó para ella conjuntos que han pasado a la historia y que la convirtieron en la mujer más glamurosa del momento. Para configurar el «look Jackie» se inspiraron en las firmas francesas que más le gustaban —Chanel o Givenchy—, sin olvidarse nunca de incluir en sus estilismos cierto toque norteamericano y así evitar ser criticada por su excesivo gusto por el lujo francés.

Cassini se convirtió en el secretario de estilo de la Casa Blanca y, durante años, eligió más de trescientos looks para la primera dama, a la que vistió con estilismos memorables. Destacan los elegantes trajes sastre de dos piezas o los preciosos vestidos de gala de corte geométrico combinados con guantes de ópera que lució para todas las primeras cenas oficiales a las que asistió. Su estilo empezó a ser tan imitado que Jackie tuvo que dejar de usar una de las piezas emblemáticas que Cassini había creado para ella: un conjunto de abrigo y sombrero confeccionado en piel de leopardo. Aún no se había desarrollado una gran sensibilidad sobre el uso de las pieles, que estaba a la orden del día entre las clases pudientes, pero ante el aumento de la demanda de piezas de leopardo provocado por su famoso abrigo, Jackie lo apartó de su vestuario para preservar la especie.

Cassini también eligió para ella uno de los elementos que se convertirían en su sello de identidad: el sombrero *pillbox*, un modelo redondo, pequeño y sin ala que se coloca en la coronilla; una pieza que deja la frente descubierta y permite lucir mejor los peinados. El diseñador Halston fue uno de los precursores y Jackie los llevó en infinidad de ocasiones. Gracias a ella se pusieron muy de moda en los años sesenta entre mujeres de todos lugares del mundo: la princesa japonesa Hanako de Hitachi sabía lucirlos también con mucho estilo. Renovaron un sombrero clásico que había sido muy representativo de los años treinta y acertaron de pleno. La influencia de sus elecciones se empezaba a notar con fuerza: «Jackie usó uno de mis vestidos de verano y de repente todas querían tener uno. Ese era su poder: hacía que todo lo que tocaba pareciera icónico», contaba la diseñadora Lilly Pulitzer en una entrevista.

Jackie contribuía con aportaciones y hacía prevalecer su estilo personal. Como mujer culta que era, entendía el impacto que podían tener sus elecciones y estudiaba cuidadosamente vestimentas y cuestiones protocolarias de los países que iba a visitar. Diana Vreeland, la famosa editora de moda de *Vogue*, le explicó que el rosa era como el azul marino en la India y en el viaje que realizó allí escogió varios estilismos en ese tono, así como cierto tipo de estampados. Fue un éxito. Diana hizo famosa la frase «el ojo tiene que viajar».

Apostaban por los escotes tipo barco que dejaban al descubierto los hombros y las clavículas de Jackie, muy favorecedores para su tipo de silueta. También incluyeron cortes trapezoidales o levemente acampanados en las rodillas en combinación con tacones bajitos, que se revelaron perfectos para su complexión atlética y su metro con setenta centímetros de altura. Abundaban en su armario looks monocolor en rosa, azul pastel o verde pistacho. Jackie ponía una nota de color en el panorama tan gris de la política.

Sus estilismos más desenfadados también eran toda una lección de estilo. Entre mis favoritos se cuentan los del viaje que realizó a Capri junto a su hermana y que consisten en pantalones blancos de tiro alto y por el tobillo —de ahí viene el nombre de pantalón capri— combinados con camisetas de manga corta o camisas sin manga, sandalias planas de lo más estilosas y pañuelos en la cabeza. Prendas relajadas, en consonancia con la vida de la isla, que adoraban, y con un toque retro que resulta de lo más inspirador incluso en las combinaciones más atrevidas de color como azul con amarillo.

Los asesores comprendieron al instante que Jackie atraía más atención que su marido, especialmente cuando viajaban fuera del país, y decidieron aprovecharlo. En lugares como Francia, las masas vitoreaban su nombre en las visitas oficiales, los medios se centraban en ella y su estilo, e incluso anfitriones como Charles de Gaulle quedaban prendados de su inteligencia y su belleza. «Su mujer sabe más de la historia de Francia que los franceses», llegó a decirle el presidente francés a Kennedy tras una conversación con ella. Jackie dejaba huella por donde pasaba no solo por su elegancia a la hora de vestir: poseía una amplia cultura, facilidad para hablar en otras lenguas y —al igual que otras «consortes» como Sissi— asombraba primero por su belleza, y después por todo lo demás.

Su marido comprendió que tenerla a su lado constituía una poderosa arma política y bromeaba sobre ello haciéndose llamar «el acompañante de Jacqueline Kennedy», e incluso llegó a declarar: «Ahora la moda es más importante que la política y los periódicos dan más importancia a los trajes de Jackie que a mis discursos».

Consiguieron convertirse en «la realeza norteamericana». La Casa Blanca se transformó en el epicentro de la cultura, con grandes fiestas y galas a las que asistían escritores, cineastas, poetas o pintores. Por sus salones desfilaban Tennessee Williams o Mark Rothko, y *celebrities* como Marilyn Monroe, cuya sensual felicitación de cumpleaños al presidente de los Estados Unidos desató una oleada de rumores acerca de un *affaire* entre ellos. Jackie puso todo su empeño en que el arte y las antigüedades que se encontraban guardadas volvieran a lucir en las paredes y los salones de la Casa Blanca. Redecoró el palacio presidencial para que recuperase parte del esplendor de su historia aportando toques de modernidad. Recibió críticas por querer renovar tantas estancias, pero lo hizo con financiación privada, tal y como explicó en primera persona en un documental que vieron millones de personas. Su intención era convertirlo en un hogar lleno de cultura.

Un año después de la célebre fiesta de cumpleaños de Jack, los rumores perseguían a la pareja. El presidente sabía de la importancia de trasladar a sus votantes una imagen de unión, por eso le pidió a su esposa que le acompañara en su gira por Texas. El fatídico 22 de noviembre de 1963 John F. Kennedy fue asesinado en

Dallas mientras iba saludando al público en un descapotable, sentado junto a su mujer. Ocho segundos para la historia en los que, de repente, Jackie se encontró tumbada encima del coche, cubierta de sangre e intentando coger a su marido. Son las imágenes más conocidas de la vida de ambos y fueron grabadas por casualidad, igual que las de la pareja bajando del avión al llegar a Texas. En ellas, Jackie lleva el que, por desgracia, sería su look más reconocible: un traje de falda y chaqueta en lana de color rosa bebé con las solapas en azul oscuro. Hoy en día, el traje está custodiado en los Archivos Nacionales de Estados Unidos, en una habitación especial protegida de la luz y la humedad, y prácticamente en el mismo estado en el que quedó aquel histórico día. Se ha especulado mucho sobre si ese traje era o no de Chanel, y lo cierto es que se trataba de una especie de «copia autorizada» que había sido confeccionada en la americana Chez Ninon. En aquel momento, la Maison Chanel y otras grandes casas francesas vendían licencias para que algunos de sus modelos pudieran recrearse de forma legal en otros lugares del mundo.

Las otras imágenes de Jackie que han permanecido en el imaginario colectivo son las del funeral. Ese día eligió un sencillo traje negro que le quedaba como un guante, combinado con un velo del mismo color. En ellas vemos a una mujer destrozada pero siempre serena y elegante. Los periódicos le dedicaron estas palabras: «Esa mujer, que algunos consideraban delicada y frívola, resultó ser la más fuerte de todas», y es que consiguió mantener la calma frente a sus hijos y cumplió su papel con extraordinaria dignidad.

El apoyo de su hermana Lee y de su cuñado Bobby fue esencial para ella en ese trágico periodo de su vida. Estuvieron a su lado durante una temporada en la que no lograba superar el estrés postraumático. La relación entre las hermanas —aunque cercana— no había sido fácil, ya que su madre había alimentado entre ellas cierta rivalidad involuntaria de la que Jackie siempre había salido vencedora. Lee Radziwill es otro gran icono de estilo y una figura fundamental de la sociedad estadounidense, pero siempre estuvo a la sombra de Jacqueline, relegada a un segundo plano tanto en lo profesional como en el estilo o en el amor.

Lee se casó cuatro veces y fue amante de Onassis antes que Jacqueline. Tuvo varias profesiones frustradas: escritora, fotógrafa —se fue de gira con los Rolling Stones—, decoradora y actriz, llegando incluso a protagonizar una obra famosa de Tennessee Williams cuyo vestuario diseñó Yves Saint Laurent. Las críticas fueron demoledoras. Lee también fue amiga íntima de Truman Capote y uno de sus famosos «cisnes» con los que terminó enemistado. Los estilismos de Lee derrochan elegancia y buen gusto hasta en nuestros días. Tenía algo muy especial y único que la distingue de las demás y que hace que sus looks de hace décadas nos resulten cien por cien actuales. Algunos afirman que parte del mérito del «estilo Jackie» es de Lee y que el hecho de ser Primera Dama facilitó que la hermana mayor perdurase como icono de la moda. Desde mi punto de vista existen muchos iconos de estilo no tan famosos pero enormemente inspiradores, y Lee Radziwill es uno de ellos.

Jackie intentó llevar una vida normal en Manhattan tras el asesinato de su marido. Viajaba a menudo y recuperó su distintiva sonrisa poco a poco. Decía Capote que «te seducía con una sonrisa, cambiaba tu vida y ni siquiera sabías por qué», y es que ese gesto suyo tan característico enamoró a miles de personas. Por desgracia, la tranquilidad duró muy poco tiempo y en 1968 asesinaron a su querido cuñado Bobby Kennedy. Ese mismo año Jackie se casó con Aristóteles Onassis. Las críticas no se hicieron esperar: el magnate griego era mucho mayor que ella; había sido amante de su hermana y se rumoreaba que habían iniciado su relación mientras Jack aún vivía. Los periódicos atacaban con saña y dejaron titulares de este tipo: «Estados Unidos ha perdido a una santa».

Muchos de aquellos que la habían adorado, la veían ahora como una traidora, quizá esperaban que fuese la viuda del país para siempre. Jackie encontró en Onassis la protección que necesitaba en ese momento: vivía aterrorizada por los asesinatos dirigidos contra los Kennedy, sufría por la seguridad de sus hijos, y el armador griego —hombre muy culto con el que compartía muchos intereses— le ofrecía una nueva vida en una isla privada, a salvo de todos sus miedos.

A diferencia de su primer enlace, muy pocas personas asistieron a su segunda boda. Eligió un diseño elegante y moderno que pertenecía a la última colección de alta costura de Valentino, con el que entabló una gran amistad ya que veraneaban en los mismos lugares de Italia. Se trataba de un vestido corto de color marfil, con el cuello recto con encaje. La casa Valentino recibió más de cuatrocientos encargos del mismo modelo, quedando clara una vez más la influencia de Jaqueline.

En esta nueva etapa de su vida —en la que pasó a ser conocida como Jackie O.— su estilo también evolucionó. Ya no tenía que preocuparse por la corrección política, lo que se tradujo en estilismos más espontáneos: pantalones *flare* con camisetas, minivestidos estampados y sus inseparables maxigafas de sol de François Pinton, que fueron un boom en el momento. Reformula la moda de los setenta con su toque de elegancia. Uno de mis looks favoritos de estos años consiste en un vestido negro que ella lleva con unas preciosas sandalias planas griegas y un chal verde por encima. Jackie y su marido están sentados en una terraza, y se la ve tan natural y relajada que el estilo se multiplica. Parece que volvía a ser feliz.

De esta etapa es importante destacar el bolso de Gucci estilo Hobo con forma de media luna, que lució en multitud de ocasiones. Tenía seis y la acompañaban a todas partes: de la isla de Capri a las calles de Nueva York, así que el modelo originalmente llamado G1244 fue rebautizado como «Jackie». Es un bolso que ha sido reversionado durante décadas por todos los creativos de la firma italiana y que sigue de plena actualidad. Jacqueline empieza a abandonar la clásica elegancia francesa que había caracterizado sus años presidenciales y busca inspiración en diseñadores italianos como Valentino o Emilio Pucci.

Pasaba los veranos junto a Onassis en su isla y durante el invierno regresaba a Manhattan, para seguir los estudios de sus hijos. La distancia no sentó muy bien a la pareja y empezaron los rumores de infidelidades por parte de él, que se confirmaron al publicarse unas fotografías en las que aparecía junto a Maria Callas. Los peores fantasmas de su vida anterior regresaban, como también lo hacía la tragedia. En 1973 fallecía Alexander, hijo del magnate, en un accidente de avión (de la misma manera en que perderá la vida su propio hijo, aunque no viviría para verlo). Jackie quiso acompañar a su marido en el doloroso trance, pero las circunstancias eran complicadas. Muchos señalaban que era una mujer que atraía las desgracias. La salud de Onassis empeoró y también su situación económica. Dos años después, Jackie O. es de nuevo una mujer viuda.

Regresó a Nueva York y se refugió en el trabajo para superar el duelo. No tenía ninguna necesidad económica, pero buscaba sentirse estimulada con una actividad que le interesase y se convirtió en editora literaria. A sus cuarenta y cinco años le quedaba mucha vida por delante y, según dicen, lo hacía muy bien.

En 1976 se unió a Diana Vreeland para su primer proyecto editorial con motivo de la exposición sobre Rusia y la moda que albergaba el MET. Tras mucha investigación y trabajo duro, publicó *In the Russian Style*, que fue un gran éxito. Ese año acudió a la famosa gala MET enfundada en un maravilloso vestido de su amigo Valentino. Trabajó en el mundo editorial dieciséis años, actividad que compaginó con la lucha por la preservación de monumentos y edificios históricos de la ciudad. Gracias a su compromiso, la Grand Central Station de Manhattan se salvó de la demolición.

Su figura seguía suscitando mucho interés y los fotógrafos nunca dejaron de perseguirla. Uno de aquellos *paparazzi* —Ron Galella— se obsesionó hasta tal punto que Jackie lo demandó por acoso. Aunque ganó la batalla judicial y consiguió una orden de alejamiento, no sirvió de mucho. Pero si algo positivo podemos extraer de las molestias que este hombre llegó a causarle es que su obsesión por fotografiarla constituye una especie de documental de la evolución de su estilo. En esa última época de su vida era mucho más sobria: llevaba abrigos de Yves Saint Laurent, vestía con colores más oscuros y elegantes, usaba trajes masculinos con gabardinas y se camuflaba detrás de sus maxigafas buscando el anonimato. Donna Karan —que empezaba a convertirse en estandarte del estilo norteamericano—, era su diseñadora de cabecera.

Jacqueline falleció a causa de un cáncer linfático en 1994. Pasó sus últimos días en casa leyendo y desarrollando el trabajo de editora que tanto le apasionaba. Después de haber vivido varias vidas y muchas desgracias, el epitafio que eligieron sus hijos para su tumba fue: «Sus tres almas, sus tres vidas», con el que Jackie habría estado de acuerdo, pues como declaró alguna vez: «Cada momento que vivimos es diferente. Lo bueno, lo malo, la adversidad, la alegría, la tragedia, el amor, la felicidad se entrelazan en un conjunto único, indescriptible, que se llama vida».

Esta inteligentísima mujer quizá nunca tuvo el papel que se merecía, pero si en algo está de acuerdo todo el mundo es en que es un icono de estilo indiscutible. Hoy Jackie Kennedy sigue siendo una musa para diseñadores y un modelo aspiracional para quienes entienden que el estilo va más allá de la ropa: es un lenguaje, una actitud, una forma de caminar por el mundo dejando una estela imborrable de elegancia. Sus estilismos se han referenciado multitud de veces, de Lady Di a Meghan Markle pasando por Jennifer López. Con un sentido del estilo de la moda muy preciso e irradiando amabilidad y serenidad; así es como seguramente le gustaría ser recordada la mujer a la que Frank Sinatra denominó «la reina de Estados Unidos».

BRIGITTE BARDOT

LA SENSUALIDAD SIN CULPA

«Bardot era sinónimo de "revolución". Su estilo era atrevido, relajado y siempre sensual. Todo lo que se ponía, desde un biquini hasta un simple vestido de algodón, parecía desafiar las reglas del buen gusto convencional y, al mismo tiempo, establecer nuevas normas de belleza».

PACO RABANNE

Brigitte Bardot es otra de las figuras imprescindibles tanto del cine como de la moda del siglo xx. Su influencia como icono de estilo trasciende su trabajo como actriz: Bardot personificó una nueva forma de feminidad y sexualidad liberada en la década de 1960, ayudando a cambiar la moda femenina y el concepto de belleza de la época. Su estilo, que fusionaba glamour con un toque desenfadado y juvenil, sigue siendo una fuente de inspiración hasta el día de hoy.

Caminaba descalza donde otras llevaban tacones, prefería la espontaneidad al rigor, y transformaba cada detalle, desde un moño *casual* hasta un pañuelo atado al cabello, en un símbolo cultural. En un mundo donde se esperaba que las mujeres se adornaran para complacer, Bardot vistió para sí misma, y eso era lo que la hacía irresistible.

A principios de los años cincuenta surge una nueva generación de mujeres que rompen con los cánones anteriores. Terminada la guerra, la economía repunta y se observa una tendencia hacia la sofisticación. Las mujeres de a pie ya no tienen reparos en que se note que han invertido mucho tiempo en parecer muy elegantes. El ideal de belleza es el que retratan las mujeres americanas de las películas: buenas esposas y siempre perfectas para cualquier ocasión. Por supuesto, en una versión glamurizada al máximo por el mundo de Hollywood. Como suele ser habitual a lo largo de la historia, a los periodos de recesión les suceden otros de expansión en los que las siluetas femeninas recuperan las curvas, y aquí lo vemos de nuevo. En esta década empieza a popularizarse el término *sex symbol* y Marilyn Monroe se corona como el máximo exponente.

Brigitte Bardot también se alzó como un *sex symbol*, pero su aproximación a la belleza trazaba un camino completamente diferente al imperante, llegó de manera totalmente inintencionada. Es evidente que su belleza natural era arrebatadora y que dejaba a todo el mundo hipnotizado, pero ella poseía un toque desenfadado y juvenil del que carecían las demás y por eso conectó con las nuevas generaciones, que buscaban una mayor libertad y naturalidad. Mientras estrellas como Elizabeth Taylor o Grace Kelly aparecían siempre muy producidas, con looks sofisticados y peinados y maquillajes muy trabajados, la imagen de Brigitte era la opuesta: apenas maquillada y con el cabello casi despeinado; el llamado *bed hair*, como si acabara de levantarse.

Su imagen era la de una mujer independiente y despreocupada que abrazaba su sexualidad sin pedir disculpas. Este factor fue radical para su tiempo, pues ofrecía una alternativa a las representaciones más convencionales y restringidas de las mujeres en los medios de comunicación, y por eso su influencia ha llegado hasta nuestros días.

Brigitte Bardot nació el 28 de septiembre de 1934 en París. Nadie podía imaginar en ese momento que aquella niña de ojos grandes y cabello rubio se convertiría en un icono de la feminidad libre y rebelde, una figura que deslumbraría al mundo con su belleza y al mismo tiempo lo provocaría con su espíritu indomable.

Creció en una familia privilegiada. Su padre era un hombre de negocios conservador que aplicaba una rígida disciplina en el hogar. Su madre, una mujer muy sofisticada que ansiaba ver a sus hijas cultivarse en las artes, inscribió a Brigitte en el Conservatorio de Música y Danza. El rigor del ballet marcó sus primeros años, y durante un tiempo pareció que la pequeña «Bichette», como la llamaban en casa, llegaría a ser bailarina profesional, una dedicación que concedía gran prestigio a las mujeres en ese momento.

Sin embargo, un destino muy diferente se cruzó en su camino cuando tenía quince años. Su belleza juvenil llamó la atención de una revista de moda y Brigitte apareció en la portada de *Elle*. La poderosa industria del cine buscaba sin cesar «nuevas caras» y estas revistas constituían un escaparate inmejorable para dar el salto a la gran pantalla. Comparado con el trabajo de actriz, ser modelo era una nimiedad.

En 1952, Bardot conoció a un joven aspirante a director de cine que cambiaría el curso de su vida. Tenía solo dieciocho años cuando se casó con Roger Vadim. Él la convenció de que se dedicara al cine y jugó un papel clave en su carrera. Vadim la dirigió en *Y Dios creó a la mujer*, cinta que no solo la convirtió en una estrella, sino también en el símbolo sexual de una nueva generación. Con sus andares sensuales por las playas de Saint-Tropez, su biquini y su manera de despojarse de las convenciones, Brigitte Bardot, o simplemente «BB», como empezaron a llamarla los medios, tenía poco que ver con las estrellas de Hollywood. A diferencia de ellas, Bardot no proyectaba una imagen controlada al milímetro, sino que irradiaba una libertad casi salvaje, un encanto despreocupado e irresistiblemente natural, como si hubiera despertado de un sueño en alguna playa mediterránea.

El biquini era aún una prenda controvertida en los años cincuenta, considerada por muchos inadecuada e incluso vulgar. Todo cambió con la llegada de Brigitte Bardot. Su forma natural y despreocupada de lucirlo acabó con el tabú y lo transformó en un símbolo de liberación para muchas mujeres. Su famosa escena en biquini dio la vuelta al mundo. Además, en el Festival de Cine de Cannes, donde las estrellas son fotografiadas dentro y fuera de la alfombra roja, se mostró en la playa en biquini y sus fotos inundaron los medios contribuyendo a la popularización de esta prenda, que empezó a aceptarse en círculos cada vez más amplios.

Aunque ahora nos parezca extraño, eso hubiera sido impensable unos años atrás. La evolución de los trajes de baño femeninos fue lenta y frustrante para muchas mujeres. A finales del siglo XIX estaban compuestos por dos piezas que cubrían todo el cuerpo, muñecas y tobillos incluidos. La nadadora Annette Kellerman se atrevió por primera vez a usar un modelo que dejaba a la vista parte de los brazos y las piernas, y la arrestaron por ello. A principios del siglo XX podemos encontrar a mujeres tomando baños con un minivestido realizado en algodón o lino —materiales poco apropiados para el agua— y que no se ajustaban al cuerpo. Lycra y Nylon hacen acto de presencia en los años cuarenta: se fabrican modelos menos recatados que a veces liberan parte del abdomen, aunque en ningún caso permiten enseñar el ombligo. De hecho, existía una prohibición expresa en Hollywood —el código Hays— que dictaba lo que podía mostrarse (o no) en la pantalla.

Louis Réard, ingeniero mecánico que trabajaba en un negocio familiar de lencería, presentó en 1946 el primer bañador de dos partes que sí mostraba el ombligo. Se trataba de algo tan escandaloso que no encontró a ninguna modelo dispuesta a lucirlo, por lo que tuvo que contratar a una bailarina de cabaret, Micheline Bernardini, para que lo hiciera. Era el inicio de la Guerra Fría, y el nombre «biquini» proviene del atolón Bikini, situado en el Pacífico, donde se habían probado bombas nucleares. Hay una frase célebre de Diana Vreeland que no es casual: «El biquini es el invento más importante desde la bomba atómica».

Más allá de lo anecdótico del biquini, Pierre Balmain se encargó del vestuario de *Y Dios creó a la mujer* y el resto de los estilismos que preparó resultaban igualmente revolucionarios: vestidos ceñidos que acentuaban la figura de la actriz, faldas cortas o blusas ajustadas. El nombre del diseñador francés empezaba a despuntar y su trabajo en esta película jugó un papel crucial a la hora de proyectar la sensualidad y la libertad de su personaje, destacando un estilo que parecía *casual* pero altamente seductor, y que además se correspondía con el estilo de Bardot fuera de la pantalla por lo que era creíble y natural.

Con cada nueva película —*La verdad* (1960), *El desprecio* (1963), *¡Viva María!* (1965)—, Bardot desafiaba los límites de lo que se esperaba de una mujer en el cine. Era mucho más que un símbolo sexual; su presencia magnética proyectaba poder y autonomía. Si bien muchos querían capturar su imagen en los confines de la belleza, Bardot siempre parecía ir un paso por delante, luchando por su libertad. Y su vestuario así lo reflejaba. Como dijo el director del cine Jean-Luc Godard al trabajar con ella en *El desprecio*: «Con Brigitte Bardot, el estilo es más que ropa. Es una actitud, una forma de estar en el mundo. Es un aura de libertad que hace que todo lo que viste parezca sencillo y revolucionario al mismo tiempo».

La década de los sesenta supuso muchos cambios de tendencia. Un fuerte deseo de evolucionar llevó a la gente a probar nuevos estilos, como las minifaldas de Mary Quant, que hicieron que las piernas adquirieran un gran protagonismo. El pelo se llevaba largo y suelto, como el de BB. Había un sentimiento general de rebeldía y escapismo, con un foco en la juventud, que traía una nueva energía e inspiración renovada para el arte, la música y la estética.

El ama de casa perfecta dejó de ser el ideal femenino para abrazar un modelo de mujer muy joven y rebelde que quería cambiar el futuro. Volvieron las líneas rectas, geométricas, y comenzaron a aparecer los tops cortos y las transparencias. La alta costura empezó a declinar ante la pujanza del *prêt-à-porter*. Es la época del movimiento «quema el sostén» y del estilo beatnik. También del futurismo de Paco Rabanne, con prendas muy sensuales de malla y peinados muy marcados. Todo ocurría muy rápido, y Brigitte era la encarnación suprema de todo aquello.

Uno de los elementos distintivos de Bardot fue su estilo chic francés desenfadado, que combinaba elegancia sin complicaciones con un toque de sensualidad. Popularizó el *effortless chic*, esa apariencia de lucir impecable sin haber dedicado ningún esfuerzo que siempre se ha asociado al «*Je ne sais quoi*» que caracteriza a las mujeres francesas. Se trata de un estilo muy difícil de conseguir si no lo tienes de manera natural y que no recomiendo intentar imitar.

Inglaterra lideró muchas de las tendencias en moda en la década de los sesenta. Bardot compartía mucho de la influencia de los *Swinging Sixties*: los vestidos cortos, los trajes de líneas limpias y las botas altas blancas, y también abrazó el llamado futurismo con diseñadores como Paco Rabanne o Courrèges, pero siempre lograba un toque diferente y más accesible a simple vista, gracias a su aire afrancesado.

Las camisetas y los jerséis de rayas —que había popularizado Chanel— eran su mejor aliado, y ella volvió a ponerlos de moda, convirtiéndolos en el emblema de su querido Saint-Tropez. Ese estilo «playero» y relajado atraía enormemente al público porque ¿quién no sueña con vivir en unas eternas vacaciones luciendo así de maravillosa? Su estilo fuera de la pantalla incluía prendas *casual* como camisetas ajustadas, pantalones capri y bailarinas, lo que le daba un aire fresco y accesible. Este look, alejado de los vestidos formales propios de décadas anteriores, se convirtió en un símbolo de la moda juvenil. Supo adelantarse al estilo bohemio que reinaría en los setenta con su amor por los vestidos sueltos y de estampados florales, así como por los accesorios sencillos pero llamativos, como cintas en el cabello o sombreros de ala ancha. Vadim se refirió a la que por entonces era su mujer con estas palabras: «Ella no sigue la moda, la crea. Brigitte es una mujer que se viste como si no le importara, pero todo lo que hace se convierte en tendencia. Tiene ese raro don de hacer que lo más sencillo parezca sofisticado».

Como ya hemos visto en otros capítulos de este libro, si hay algo que caracteriza a un icono es que prendas, estilos o complementos tomen su nombre, y tampoco podía faltar en ese caso. El escote Bardot —también conocido como *off shoulder*— deja al descubierto los hombros y el cuello de una manera fortuita pero sensual. La tendencia arrasó en los años cincuenta y sesenta. Adoptado por diseñadores de alta costura y marcas de moda de todo el mundo, su legado sigue vigente y regresa como tendencia cada cierto tiempo.

Manolo Blahnik se ha pronunciado en varias ocasiones sobre la influencia de Brigitte Bardot en el mundo de la moda. El diseñador señala que ella cambió la forma de vestir de las mujeres, extendiendo el uso de pantalones capri, vestidos sencillos de cuadros vichy o bailarinas. Blahnik, profundamente influenciado por Bardot, creó su icónico zapato inspirado por ella. Este modelo lanzado en 2008 se caracteriza por su simplicidad y sensualidad y se ha convertido en un clásico del calzado femenino. En una entrevista en su propia página web, Blahnik afirma: «Brigitte Bardot ha sido siempre una gran fuente de inspiración para mí. Un icono de estilo que reinventó totalmente la silueta femenina con elegancia y sofisticación».

El peinado de Bardot es otro de los aspectos más recordados de su estilo. Su legendaria melena rubia y voluminosa creó una nueva tendencia de cabello despeinado pero sensual conocido como *bed head* o «recién salido de la cama». En ella parecía algo *casual*, pero también era altamente estilizado para dar la apariencia de un cabello despreocupado. Las ondas suaves y sueltas, o el cabello recogido de manera desordenada en una cola de caballo alta, enfatizaban su aspecto juvenil. Bardot ayudó a establecer el flequillo largo y abierto como una tendencia perdurable.

Su delineado de ojos de gato o *cat-eye* realzaba su belleza con una mirada intensa que contrastaba con los colores de labios más suaves o en tonos *nude*. Este maquillaje de aspecto natural fue fundamental en la creación de su imagen y se convirtió en un look icónico que muchas mujeres han emulado desde entonces.

Bardot se casó por segunda vez con el actor Jacques Charrier, protagonizando otro de esos momentos emblemáticos. En lugar de escoger el tradicional vestido blanco largo y pomposo, rompió con todas las convenciones usando un vestido de cuadros vichy en rosa y blanco diseñado por Jacques Esterel. Una elección revolucionaria ya que el vichy era un tejido asociado a la moda más informal, de aire campestre y despreocupado, no a la alta costura ni a las bodas. El vestido era corto, con una falda voluminosa y ajustado en la cintura, lo que destacaba su figura juvenil. La prensa quedó impactada por esta decisión de estilo, pero Bardot consolidó con esto su imagen de mujer rebelde y moderna. A partir de ese momento, los cuadros vichy se convirtieron en una tendencia imparable y comenzaron a usarse en ocasiones más formales.

Con Charrier, al que había conocido en el rodaje de *Babette se va a la guerra,* Bardot tuvo a su único hijo, Nicolas-Jacques Charrier, en 1960. Pero nunca se sintió cómoda en el rol tradicional de madre. Llegó a admitir públicamente que no estaba preparada para serlo y que nunca tuvo un fuerte lazo emocional con su hijo, algo que generó controversia. Su relación con Nicolas fue difícil y distante durante muchos años. La presión de la fama, sumada a la llegada de la maternidad, afectó profundamente a Bardot, quien sufría depresiones.

A pesar de que disfrutó de los privilegios de ser una estrella internacional, también fue una de las primeras en hablar abiertamente de los efectos tóxicos de la fama y el acoso constante de los medios. Durante los años cincuenta y sesenta, Bardot fue una de las personas más perseguidas por los *paparazzi*. No importaba dónde estuviera, siempre había fotógrafos a su alrededor intentando capturar momentos de su vida privada. Esto la afectó profundamente, llevándola a sufrir crisis nerviosas e intentos de suicidio en varias ocasiones. Uno de los episodios más tensos tuvo lugar durante unas vacaciones en Italia. Al salir del hotel se vio acosada por una multitud de fotógrafos y esto le provocó una crisis que la llevó a encerrarse en su habitación, mientras los *paparazzi* se apiñaban en las puertas y las ventanas.

En su caso, al igual que en el de otras muchas, el precio de la fama fue alto. En algún momento, Bardot sintió que la vida que había construido sobre la fama y la belleza se había convertido en una jaula dorada. Se sintió atrapada por la atención constante. Deseaba recuperar el control y, en un movimiento audaz, en 1973 anunció que se retiraba del cine. Tenía treinta y nueve años y estaba en la cima de su carrera cuando hizo lo impensable: dejó atrás el brillo y el glamour de la fama para encontrar la paz lejos de los focos. Se instaló en su amada Saint-Tropez, donde podía vivir rodeada de animales, sin el bullicio del mundo que la había transformado en una diosa moderna.

Su retiro supuso el comienzo de un nuevo capítulo en su vida. Bardot canalizó su pasión hacia la protección de los animales, y pasó a ser una de las voces más destacadas del activismo animal en el mundo. Creó la Fundación Brigitte Bardot y luchó incansablemente contra la crueldad animal. En una época en que las pieles eran un símbolo de estatus y lujo, Bardot se enfrentó a diseñadores y marcas, pidiendo un trato ético hacia los animales. Su fuerte oposición a las pieles ayudó a cambiar la percepción pública de esta práctica en la moda.

Aunque su rostro ya no aparecía en las pantallas de cine, Bardot seguía siendo omnipresente en la cultura popular. Su estilo, cada vez más sencillo, continuaba inspirando a generaciones de mujeres y diseñadores. Y aunque la figura que alguna vez fue el epítome de la belleza y el deseo envejecía, su legado se mantenía inmortal. Es por eso que a lo largo de los años ha sido fuente de inspiración para muchos genios de la moda como Karl Lagerfeld o John Galliano que siempre han reconocido su influencia, del mismo modo que mujeres como Kate Moss o Blake Lively la han citado siempre como una de sus referencias en cuanto a estilo.

Hoy sigue siendo una leyenda viva, no solo por haber redefinido la imagen de la mujer en el cine, sino también por haberse atrevido a escapar de los confines de la fama cuando esta ya no le llenaba. Alejada del bullicio y fiel a sí misma, a sus principios y a su amor por los animales, nos recuerda que la verdadera libertad —esa que siempre encarnó en la pantalla— consiste en seguir el propio camino, sin importar las expectativas del mundo.

En la historia de Brigitte Bardot no vemos solo a una estrella de cine, sino a una mujer que luchó por ser dueña de su propia vida. A través de su belleza, su talento y, finalmente, su activismo, se ha convertido en un símbolo de la libertad y la rebeldía, inspirando a generaciones que buscan vivir sin ataduras. Brigitte Bardot no solo redefinió el estilo francés; lo liberó. Con sus vestidos de algodón, su maquillaje sutil y sus movimientos relajados enseñó al mundo que la moda no necesita ser compleja para ser inolvidable.

TWIGGY

LA REVOLUCIÓN CONTRACULTURAL

«Twiggy encarnó el espíritu juvenil y revolucionario de los años sesenta. Su estilo fresco y audaz fue una inspiración para mí y para toda una generación».

Mary Quant

En las vibrantes calles del Londres de mediados de los años sesenta, donde la música y la moda se entrelazaban en un baile sin fin, emergió una figura que capturaría el espíritu de toda una generación. Lesley Hornby, conocida mundialmente como Twiggy, no fue solo un rostro en las portadas de las revistas, fue el latido juvenil de una época ansiosa por reinventarse.

Sus ojos enormes, acentuados por pestañas pintadas y delineados extremos, miraban desde las páginas de las revistas directamente al alma de una generación que buscaba nuevos horizontes. Twiggy no solo modelaba ropa, ella personificaba un cambio radical en los cánones de belleza. Su estilo andrógino y juvenil rompía con las formas clásicas, abriendo camino a una diversidad estética hasta entonces inexplorada. Pero este fue en realidad solo el primer paso hacia un camino artístico imparable.

Nacida el 19 de septiembre de 1949 en el suburbio londinense de Neasden, Twiggy creció en una familia modesta. Su padre —carpintero— y su madre —obrera en una fábrica— nunca imaginaron que su hija menor iba a convertirse en un icono internacional. El destino tocó a su puerta casi por casualidad. «Una mujer que se corta el pelo está a punto de cambiar su vida», decía Coco Chanel, y en el caso de Twiggy fue radical. Tenía dieciséis años cuando se acercó a House of Leonard —el salón de belleza de las estrellas en Londres— para arreglar su melena, todavía larga y castaña. No estaba segura de qué buscaba exactamente y se dejó llevar por la recomendación del famoso peluquero, que insistió en probar algo nuevo. No pudo negarse. Mientras le hacían un corte innovador, el fotógrafo Barry Lategan se fijó en su apariencia única y le tomó varias instantáneas. Los retratos, que quedaron expuestos en el salón, llamaron la atención de la editora de moda Deirdre McSharry, que quiso entrevistarla para el *Daily Express*, abriéndole las puertas a sus primeras oportunidades de trabajo.

«Twiggy» —el apodo que la hizo conocida— hace referencia de forma cariñosa a su delgada figura, ya que *twig* en inglés significa «ramita». Justin de Villeneuve, su novio y mánager, popularizó este nombre artístico tan especial que se convirtió en sinónimo de la moda de los años sesenta. Tras esa primera sesión fotográfica, el *Daily Express* la nombró «El Rostro de 1966», lo que catapultó su carrera. Pasó a ser la modelo más solicitada del momento, pese a su corta edad e inexperiencia. Años más tarde Twiggy reconoció en una entrevista que, como a tantos adolescentes, su físico no le gustaba y que llegó a pensar que todo el mundo se había vuelto loco. Jean Shrimpton, modelo británica a la que Twiggy admiraba por aquel entonces, declaró: «Twiggy cambió las reglas del juego. Su éxito demostró que la individualidad y la autenticidad podían triunfar en la moda».

Twiggy posó para el famoso Richard Avedon en una de las sesiones fotográficas más icónicas de su carrera, en la que plasmó su energía y su carisma desbordantes. Gracias a su popularidad visitó *El Show de Ed Sullivan*, uno de los programas de variedades más vistos en Estados Unidos, donde presentó su estilo y su personalidad únicos al público americano. La televisión, producto de consumo masivo en esta época, hizo más sencillo que alguien como ella se convirtiera en un icono internacional.

Ya había conseguido triunfar como modelo en Londres y Nueva York, pero en París recibió el rechazo de algunos diseñadores que preferían un aspecto más tradicional y conservador. La situación cambió pronto, ya que la escena parisina necesitaba modernizarse para sobrevivir. El *prêt-à-porter* y la juventud eran el futuro y Twiggy había conquistado a ambos. Su ascenso a la fama fue tan explosivo que en 1967 lanzó su propia línea de ropa, Twiggy Dresses, que reproducía las siluetas de los vestidos que la habían hecho famosa en las fotografías de moda.

Introdujo una nueva forma de posar, con gestos naturales y expresiones genuinas, alejándose de las posturas rígidas y formales del pasado. Además, a diferencia de las modelos anteriores, que eran en su mayoría adultas, fue una de las primeras adolescentes, abriendo camino en la industria para las modelos jóvenes.

En el Londres de mediados de los años sesenta la juventud tenía muchas cosas que decir. El fenómeno global denominado «revolución juvenil en el vestir» se encontraba en pleno apogeo. La llegada de potentes movimientos contraculturales a finales de los cincuenta había propiciado este auge: los Teddy Boys y los mods habían triunfado en varias ciudades, poniendo de manifiesto la gran influencia que los jóvenes tenían tanto en las tendencias de consumo como en el panorama cultural y sociológico.

El cambio se dirigía contra los patrones del estilo burgués que tan interiorizado estaba por las clases medias y bajas de los países desarrollados. Para esta nueva generación, la vestimenta «oficial» de hombres y mujeres era sinónimo de conformismo social y de adhesión a las ideas capitalistas de una sociedad cada vez más contradictoria, agresiva y violenta, la cual ellos rechazaban.

Londres se había convertido en uno de los epicentros culturales a nivel mundial durante ese periodo de efervescencia llamado *Swinging London*, que representaba la libertad y la modernidad de la juventud británica. En este contexto, emergió una joven diseñadora llamada Mary Quant que pertenecía a esa «revolución» y supo ofrecer lo que sus contemporáneos necesitaban a la hora de vestir. Desde su pequeña tienda en King's Road diseñó el vestuario de una nueva generación de la que Twiggy era su mejor representante.

Pese a los debates existentes acerca de quién inventó la minifalda, Mary Quant es ampliamente acreditada por popularizarla y convertirla en un símbolo de liberación femenina y empoderamiento juvenil. Sus diseños eran asequibles, coloridos y funcionales, dirigidos a las jóvenes que buscaban romper con las convenciones tradicionales de la moda. Twiggy lucía a menudo los diseños de Mary Quant incluyendo, por supuesto, la emblemática minifalda. Su imagen fresca y juvenil encajaba perfectamente con la visión de Quant, y juntas ayudaron a difundir este nuevo estilo a nivel internacional. Si la diseñadora dio forma a la moda de esos años, la modelo fue el rostro que la encarnaba.

No hacía mucho tiempo que Dior había logrado que su silueta del New Look reinara en las pasarelas, pero esta nueva generación la encontraba anticuada. Los jóvenes buscaban un aspecto de eternos adolescentes y las figuras rectas se impusieron a las curvas, lo que suponía un cambio de ciento ochenta grados en las tendencias.

Twiggy solía vestir siluetas simples que se convirtieron en símbolos de liberación y modernidad: minivestidos y minifaldas con forma de línea A —estrechos en los hombros, se ensanchaban ligeramente hacia abajo— que favorecían su figura delgada. Utilizaba prendas con diseños geométricos, rayas y bloques de color que reproducían la estética futurista del movimiento mod. Optaba además por combinaciones audaces de colores como blanco y negro, o tonos brillantes como el amarillo, el rojo y el azul. También fue incorporando estampados con motivos pop art y diseños psicodélicos que reflejaban la cultura juvenil.

Su ropa era cómoda y práctica, sin corsés ni estructuras rígidas, alineándose con la creciente demanda de moda funcional para la mujer moderna. Evitaba los volúmenes, volantes y adornos excesivos, manteniendo una estética más limpia y enfocada en el diseño de la prenda. Los cuellos tipo babero y los cuellos altos eran frecuentes en sus vestidos, añadiendo un toque de inocencia y estilo modesto.

Si sus looks solían ser bastante minimalistas, Twiggy daba en ocasiones todo el protagonismo a los accesorios. Fue pionera en llevar maxipendientes de llamativos colores y desparejados entre sí. Una moda que fue de las más influyentes de la época. Otro de sus complementos favoritos eran las gafas de sol; tal era su apego por ellas que consiguió popularizarlas a todos los niveles. Y si hablamos de sus preferencias en cuanto a accesorios, no podemos olvidar las piezas con detalles en *glitter*, tanto por el día como por la noche.

Las medias de colores sólidos complementaban sus minifaldas y añadían un toque de continuidad a sus conjuntos. A menudo usaba zapatos planos con correas, conocidos como Mary Jane, que aportaban comodidad y un aspecto juvenil. Las botas altas hasta la rodilla, especialmente en colores claros como el blanco, llamadas botas Go-Go, eran también parte esencial de su armario y conectaban con la moda futurista que estaba empezando a triunfar.

Otra de sus características era que incorporaba elementos de la moda masculina, como camisas con cuello y pantalones rectos, adaptados a su estilo personal. Esto casaba con su icónico peinado: su cabello corto desafió las convenciones de feminidad de la época y añadió un toque andrógino a su apariencia que se convirtió en toda una tendencia.

La clave del éxito no residía tanto en el corte pixie —que ya lucían algunas actrices famosas como Mia Farrow— como en el modo de peinarlo: la raya muy marcada supuso un antes y un después. Leonard Lewis, el estilista al que acudió Twiggy antes de triunfar, trazó una línea tomando como referencia el nacimiento del cabello en la sien, lo que creaba una especie de flequillo que hacía ver su frente más estrecha y despejaba su cara llamando la atención sobre sus ojos. Lo fijaba con gran cantidad de laca para que permaneciera inmóvil. Las mujeres empezaron a acudir a las peluquerías con las famosas fotografías como referencia para que les imitaran el corte. La firma capilar L'Oréal Professionnel no desaprovechó la oportunidad y nombró a Twiggy embajadora de su marca.

Su look *beauty* iba mucho más allá del cabello. Twiggy es conocida por pintar pestañas inferiores falsas en sus ojos para acentuarlos más aún. En una época en que las pestañas postizas estaban muy de moda, ella decidió por primera vez darle importancia a la parte de abajo del ojo, agrupando las pestañas inferiores en varios grupos separados, emulando los pegotes que se hacían con las máscaras de pestañas. Cuentan que lo hizo improvisando con un lápiz de ojos en una sesión de fotos en la que no tenían máscara de pestañas. Aquellas falsas pestañas dibujadas a lápiz recibieron el nombre de *twigs* y las marcas empezaron a distribuir maquillaje de ojos inspirado en la modelo. Este estilo de maquillaje se convirtió en una tendencia masiva y sigue siendo una técnica popular en el mundo del maquillaje artístico.

Utilizaba delineados gruesos para enfatizar la forma de sus ojos: trazaba una línea negra por encima de la cuenca sin buscar ningún tipo de naturalidad, reforzando su apariencia de muñeca. También fue la primera no solo en no tapar sus pecas, sino que solía llamar la atención sobre ellas con poses divertidas para acentuarlas.

En una ocasión Twiggy fue invitada a una sesión con Salvador Dalí. El genio del surrealismo quedó fascinado con su imagen y la consideró una musa moderna. Su colaboración fue breve, pero dejó una impresión duradera tanto en el campo del arte como en el de la moda.

Con una carrera vertiginosa, fue la primera persona real en tener una Barbie hecha a su imagen y semejanza. Lanzada por Mattel en 1967, la muñeca lucía su icónico estilo y fue un éxito de ventas.

Pero tras los flashes y las pasarelas, Leslie era una joven que luchaba por mantener su autenticidad en un mundo de apariencias mientras navegaba las aguas turbulentas de la fama. Decidió retirarse del mundo de la moda con apenas veinte años. «¡No se puede ser una percha toda la vida!», dijo con humor, pero lo cierto es que lo había hecho todo en muy poco tiempo: había protagonizado cientos de campañas, su rostro era reconocible en todo el mundo y dejaba un legado imborrable.

Deseaba explorar otras formas de expresión artística y Twiggy se adentró en el mundo del espectáculo. En 1971 protagonizó el musical cinematográfico *The Boy Friend*, dirigido por Ken Russell. Su interpretación le valió dos Globos de Oro (Mejor actriz de musical o comedia y Estrella revelación), lo cual fue un hito extraordinario para alguien a quien habían juzgado como una «cara bonita». La crítica alabó su frescura, su carisma ante la cámara y su capacidad para cantar y bailar, facetas desconocidas del icono de los sesenta.

A lo largo de las siguientes décadas Twiggy participó en diversas producciones teatrales y televisivas, demostrando una y otra vez su versatilidad. También grabó discos, experimentando con la música pop y colaborando con distintos artistas. En los ochenta condujo su propio *talk show*, *Twiggy's People*, en el que entrevistaba a personalidades del mundo de la política, la moda o el entretenimiento. Siguió triunfando a los dos lados del charco y ejerció de jurado durante cinco temporadas en el popular programa de televisión *America's Next Top Model*, donde compartió su conocimiento y su experiencia con aspirantes a modelos.

En su faceta más personal, Twiggy contrajo matrimonio en 1977 con el actor Michael Whitney, con quien tuvo a su hija Carly.

Whitney murió en 1983 y ella volvió a casarse con otro actor, Leigh Lawson, con el que formó una familia estable, alejada de los excesos mediáticos que habían marcado su juventud. Con el tiempo, se involucró también en causas benéficas, utilizando su notoriedad para apoyar iniciativas relacionadas con los derechos de la mujer, la salud y la educación.

Desarrolló una gran amistad con Paul McCartney, quien la incluyó en el vídeo musical de la canción *Flowers in the Dirt* en 1989. «Twiggy representaba todo lo que era emocionante y nuevo en Londres durante los años sesenta. Era imposible no sentirse inspirado por ella», declaró el componente de los Beatles.

El legado de Twiggy sigue vivo. Fue nombrada Dama Comandante de la Orden del Imperio Británico (DBE) en 2019 por sus contribuciones a la moda, las artes y la filantropía. Esta distinción oficial, sumada a sus logros artísticos, reconoce no solo su impacto cultural en la década de 1960, sino también la solidez de una trayectoria ecléctica que abarca más de medio siglo. Y es que su contribución va mucho más allá del mundo de la moda y, de hecho, es algo que ella suele reivindicar en las entrevistas, como la que concedió recientemente a *Vogue* Portugal acompañada de unas preciosas fotografías en las que vuelve a posar como una *top model* a sus setenta y cinco años: «A veces es un poco frustrante, ya que en realidad solo fui modelo durante cuatro años en los años sesenta antes de embarcarme en mis carreras como actriz y cantante [...] pero, de alguna manera, los años sesenta parecen contener una especie de magia para muchos jóvenes, así que lo entiendo».

Hoy, la industria de la moda continúa haciendo referencia a Twiggy como un icono que rompió paradigmas e inauguró la era de la supermodelo. No es de extrañar que, en 2009, cuando el MET acogió la exposición *The Model as Muse: Embodying Fashion*, el catálogo del museo confirmara su influencia al describir la figura de Twiggy como «el marco perfecto para los estilos andróginos que comenzaron a surgir en la década de 1960». Sin la frescura de su mirada, la rebeldía de su pelo corto y su predisposición a arriesgar es posible que la pasarela hubiera tardado más en abrirse a diferentes tipos de belleza. Su historia es la prueba de que un rostro y una actitud pueden cambiar la forma en que el mundo percibe la belleza y la juventud, y de que, con ingenio y personalidad, una simple anécdota —como pintarse las pestañas con delineador por falta de otros productos— puede convertirse en un gesto inmortal en la historia de la moda. Su estilo sencillo y juvenil hizo que la moda fuera más accesible para las masas, inspirando a las jóvenes a expresarse a través de la ropa.

GLORIA STEINEM

SER VISTA PARA SER ESCUCHADA

«Gloria Steinem personifica la independencia y la fuerza; su estilo es una extensión natural de su espíritu indomable».

Diane von Fürstenberg

He pensado mucho si incluir a Gloria Steinem en este libro porque siento que hablar de ella como icono de estilo podría reducir su imagen a una faceta superficial que no le hace justicia. Sin embargo, me he decidido a hacerlo porque considero que es una de las mujeres más influyentes del siglo pasado en muchos aspectos, el estilo entre ellos.

Gloria Steinem emergió como una de las líderes más visibles del movimiento feminista —del que es una figura emblemática— en los años sesenta y setenta. Desarrolló una relación con la moda que reflejaba su personalidad, con un enfoque que fusionaba funcionalidad, individualidad y un sutil desafío a las normas de género. Su forma de vestir no solo transmitía una decisión estética, sino que se apoyaba en ella para amplificar su mensaje de igualdad y empoderamiento.

Steinem, que como periodista y activista tenía que tomar la palabra en público ante grandes auditorios, comprendió muy rápido que las mujeres tendían a ser juzgadas más por su apariencia que por su intelecto. En lugar de rechazar la moda de plano, como algo «superficial», utilizó su estilo para subvertir estas expectativas y esto me resulta profundamente inspirador.

Su apariencia equilibraba lo femenino y lo funcional: vestía prendas que le permitían moverse con facilidad, viajar y trabajar largas horas, al tiempo que proyectaban una imagen de confianza y modernidad. A través de sus elecciones, reforzaba el mensaje de que las mujeres no debían sacrificar la comodidad ni el estilo para ser tomadas en serio.

La vida de Gloria Steinem es una travesía que encapsula el espíritu de una época en que el mundo se encontraba en transformación. Nacida el 25 de marzo de 1934, en Toledo, Ohio, Gloria llegó al mundo en un hogar inusual. Su padre, Leo Steinem, era un comerciante itinerante, y su madre, Ruth, una mujer con talento literario atrapada por los grilletes de una enfermedad mental.

De niña, Gloria aprendió a moverse entre varios mundos. Su familia, que vivía de manera nómada, viajaba en un remolque, lo que la expuso a la diversidad y la desigualdad desde una edad temprana. Estas experiencias sembraron en ella una inquietud por cuestionar el *statu quo*, aunque, en su juventud, ese espíritu crítico estaba aún en silencio.

Su paso por el Smith College supuso su despertar intelectual. Allí, Gloria exploró el poder transformador de las ideas, graduándose en 1956 como una joven brillante que soñaba con escribir. Sin embargo, el mundo del periodismo en aquella época era un club exclusivo para hombres, y Steinem se enfrentó a las barreras de género con la misma determinación que caracterizaría su carrera.

Gloria encontró finalmente su voz en la década de los sesenta. Primero como periodista y más tarde como activista, fue una mujer que entendió que las palabras podían ser armas poderosas. Su artículo de investigación de 1963, «A Bunny's Tale», en el que se infiltró como una «conejita» en el Club Playboy para exponer el trato sexista a las mujeres, fue un hito temprano que marcó su compromiso con el feminismo.

Pero no fue hasta los años setenta cuando Gloria se consolidó como un referente del movimiento. Cofundadora de *Ms. Magazine* en 1971, dio a las mujeres una plataforma para articular sus sueños, sus problemas y sus aspiraciones. La suya fue la primera revista feminista dirigida por mujeres que abordaba de forma explícita temas como la violencia de género y los derechos reproductivos, algo que la situaba a años luz de otras publicaciones femeninas, controladas por los poderes de la industria de la comunicación y los grandes grupos empresariales, que solo ofrecían visiones superficiales sobre el hecho de ser mujer.

Ya el propio nombre de la revista, *Ms.*, lanzaba un poderoso mensaje a sus lectoras. Frente a los tratamientos *Miss* (señorita) o *Mrs.* (señora), eligieron un término neutral en cuanto al estado civil como un desafío a los roles tradicionales, que otorgaban uno u otro título a la mujer basándose en su relación con un hombre. El equipo fundador estaba compuesto por Gloria Steinem, Dorothy Pitman Hughes y un equipo diverso de mujeres comprometidas con el cambio social. Durante años abordaron temas como la brecha salarial, la doble jornada o la falta de representación de las mujeres en altos cargos. Tenían una perspectiva global y prestaron atención a los derechos de las mujeres en todo el mundo, subrayando la intersección del feminismo con el racismo o la pobreza. A lo largo de su historia, *Ms.* tuvo que enfrentarse a multitud de problemas que iban desde las feroces críticas tanto de los sectores más conservadores de la sociedad como de otras feministas que divergían en sus enfoques; hasta cómo lograr financiarse para seguir siendo un medio independiente. Mucho más que una revista, *Ms.* representó un hito cultural y la prueba de que el buen periodismo podía ejercer de catalizador para la transformación social.

Gloria no solo lideraba mediante la palabra, también lo hacía con su presencia. Asistía a las manifestaciones, daba conferencias y entrevistas, y siempre irradiaba una combinación de fuerza, inteligencia y calidez que la convirtió en una figura magnética. A lo largo de las décadas, Steinem recorrió el mundo llevando el feminismo a lugares donde la igualdad aún era una esperanza distante, como en el caso de la India. Su vida personal, cuidadosamente protegida del ojo público, nunca eclipsó su labor, de la misma manera que nunca lo hicieron su belleza ni su estilo.

Quizá las gafas de aviador sean el elemento más reconocible de su estilo. Son una de esas marcas de personalidad que dan fe de su impacto cultural, ligadas visualmente a su identidad desde los setenta hasta nuestros días. Concebidas en origen para pilotos, tienen un marco metálico delgado y grandes lentes en forma de lágrima. Ligeras y estilizadas, en el rostro de Steinem transmitían una sensación de fuerza y modernidad. Solía escoger tonalidades cálidas como el ámbar o el marrón para las lentes, que armonizaban a la perfección con su cabello rubio y su estilo *casual* pero elegante. Sus gafas equilibraban la funcionalidad con la moda; representaban a una mujer que no solo estaba en la vanguardia del movimiento feminista, sino también en la intersección entre lo práctico y lo sofisticado.

En una época en que las mujeres comenzaban a redefinir su imagen pública, las gafas de aviador de Steinem, al proyectar su autoridad y su confianza, se convirtieron en una declaración de independencia y autoafirmación. No se trató de una elección pasajera, sino que las llevó a lo largo de los años, convirtiéndose en un ejemplo de cómo el estilo personal puede reforzar la narrativa pública de una figura histórica. Fotografiada a menudo en mítines, conferencias y marchas, su imagen con ellas se volvió sinónimo del movimiento feminista de la segunda ola.

Gloria adoptó un look que era a la vez *casual* y elegante. Sus camisetas ajustadas eran sencillas pero poderosas, que acompañaba frecuentemente con pantalones acampanados o de cintura alta. Un guiño a la moda de los años setenta que también simbolizaba la liberación de las mujeres de las prendas de las décadas anteriores, mucho más rígidas. La moda de estos años reflejaba una sociedad que abrazaba la diversidad y desafiaba las normas tradicionales. El movimiento hippy trajo consigo estas nuevas siluetas y el uso de tejidos naturales como algodón, lino y gamuza.

Aunque ocasionalmente usaba estampados, Steinem gravitaba hacia los tonos tierra, terracota, marrones y negros. Estos colores reforzaban la seriedad de su mensaje y evitaban distracciones visuales, permitiendo que su discurso fuera el foco.

Las botas de cuero hasta la rodilla eran otro elemento clave de su armario. Destilaban fuerza y feminidad, proyectando una imagen de una mujer lista para la acción. Eran prácticas, cómodas y perfectas para los largos días de marchas, conferencias y reuniones.

Steinem a menudo complementaba sus pantalones ajustados y acampanados con cinturones anchos, que definían su figura y añadían un toque de sofisticación a su estilo *casual*. Además, prefería bolsos grandes y funcionales, ideales para una vida de constante actividad pública. Estos accesorios solían ser discretos, en cuero negro o marrón.

Usaba pocas joyas, limitándolas a piezas pequeñas o significativas. A menudo llevaba abrigos largos o ponchos de estilo bohemio, a veces con detalles de inspiración étnica. Este look se alineaba con su interés y aprecio por otras culturas y sus símbolos, así como con su deseo de destacar lo artesanal sobre lo industrial. Y es que, a lo largo de los años, Gloria ha expresado en numerosas ocasiones su admiración por los pueblos indígenas de América, destacando cómo la cultura y la filosofía de estas poblaciones han influido en su pensamiento y subrayando la importancia de los valores comunitarios, el liderazgo igualitario y la conexión con la naturaleza que caracterizan a muchas culturas indígenas. Muestra de ello es la estrecha amistad que mantuvo con Wilma Mankiller, la primera mujer en ejercer como Jefa Principal de la Nación Cherokee, a la que siempre se refiere como mentora e inspiración. A través de gestos simbólicos, como lucir ropa o accesorios pertenecientes a estos grupos olvidados y maltratados, ha visibilizado sus mensajes.

Tal y como declaró en una entrevista reciente, aunque nunca se consideró una persona particularmente preocupada por la moda, siempre fue consciente de su importancia simbólica. Con su actitud demostró que el estilo no necesita ser una distracción o una imposición; puede ser una herramienta poderosa para comunicar valores y definir un movimiento. En palabras de la periodista Susan Brownmiller: «Gloria siempre ha entendido que la moda puede ser una declaración política; su elección de vestimenta refleja su compromiso con la causa feminista».

No es posible disociar el estilo de Gloria Steinem del momento cultural en el que emergió. Los años setenta estuvieron marcados por la revolución social y política. Los movimientos feministas estaban rompiendo con las expectativas tradicionales de género, y las mujeres buscaban liberarse de las constricciones físicas y simbólicas de la moda anterior. Steinem encarnó esta transición, adoptando un estilo que era contemporáneo pero no frívolo, profesional pero no masculino.

La moda de Steinem también era accesible. Mientras que otras figuras públicas podían permitirse la alta costura, ella se vestía de una manera que las mujeres de clase media podían replicar. Esto ayudó a que su mensaje de igualdad resonara más profundamente, ya que evitaba las barreras de clase y conectaba con su audiencia en un nivel personal.

Sin pretenderlo, Steinem lideró un empoderamiento a través del estilo. Su capacidad para combinar feminidad y fuerza desafió las nociones tradicionales de que el poder y la moda eran mutuamente excluyentes. Ella demostró que las mujeres podían ser tomadas en serio sin renunciar a su forma de vestir, y esto allanó el camino para una nueva generación que, en los años ochenta, desarrolló el *power dressing*, donde las mujeres usaban la ropa como una herramienta para reclamar espacio en entornos dominados por hombres.

Diseñadores de la época, como Diane von Fürstenberg, encontraron inspiración en mujeres como Steinem que, sin proponérselo de forma explícita, ayudaron a moldear un cambio en el diseño hacia piezas más prácticas y funcionales para mujeres trabajadoras y activas que las empoderaba.

El estadounidense Michael Kors también ha reconocido que Steinem, con su modernidad para resultar elegante sin esfuerzo, ha sido un referente para él. En algunos desfiles, Kors presentó colecciones que evocaban la esencia de los años setenta y que remiten a los looks que caracterizaron a Gloria: gafas grandes, pantalones ajustados y colores tierra. De hecho, la propia Steinem asistió en Nueva York al desfile de la colección otoño-invierno 2023 de Kors, subrayando con su presencia en este evento esa intersección entre activismo y moda, destacando cómo esta última puede ser una plataforma para la expresión de ideas.

Gloria Steinem ha utilizado plataformas como *Vogue*, *Glamour* y *Cosmopolitan* para promover la igualdad de género y los derechos de las mujeres. Continúa siendo una referencia para mujeres —y diseñadores— que buscan combinar autenticidad e intelectualidad. Ha influido en movimientos como el «lujo silencioso» o el minimalismo moderno, que aparcan la ostentación para poner en primer plano el diseño y la calidad. La todopoderosa Anna Wintour escribió en *Vogue* que «el estilo de Gloria es emblemático de una era; combina funcionalidad con una elegancia discreta que ha inspirado a generaciones».

Entre las voces críticas, algunas ya señalaron en los setenta que su apariencia física y su estilo —incluidos sus icónicos looks con gafas de aviador y cabello perfectamente arreglado— contribuían a reforzar estándares de belleza convencionales. Los medios presentaban a Steinem como la «cara bonita» del feminismo, lo que molestaba a otras activistas que sentían que se daba más importancia a su imagen que a sus ideas. Argumentaban que, mientras que su atractivo físico la hacía más aceptable para un público general, eclipsaba las ideas de otras feministas que no cumplían con esos estándares.

Por otro lado, algunos medios conservadores se apoyaban en razonamientos similares para minimizar su trabajo como activista, deslizando la idea de que su éxito tenía que ver más con su apariencia que con su inteligencia o sus contribuciones al feminismo. En 1971, *The St. Petersbug Times* titulaba «La belleza de Gloria contradice sus propósitos» para insinuar a continuación que si una mujer hermosa puede conseguir a cualquier hombre, entonces no necesita luchar por la igualdad salarial. Comentarios como estos estaban dirigidos a socavar su legitimidad como líder del movimiento.

En su maravilloso libro *Mi vida en la carretera* cuenta que en aquellos años se asumía que las feministas eran o bien mujeres de físico poco agraciado o lesbianas, con todo lo que estos prejuicios implican. Entonces y ahora Steinem ha defendido que no hay contradicción alguna entre ser feminista y tener una buena apariencia, señalando la hipocresía de una sociedad que juzga a las mujeres por su físico —ya sea en un sentido o en otro—, cuando además es algo que no se elige.

Steinem mostró que las mujeres podían vestirse para sí mismas y no para complacer las expectativas de otros. Su enfoque hacia la moda continúa siendo relevante e inspirador para generaciones de mujeres que quieren encontrar formas de expresión personal que sean auténticas, cómodas y poderosas. Como declaró en una ocasión: «La moda en el pasado significaba conformarse y perderse. La moda en el presente significa ser único y encontrarse a uno mismo».

Su relevancia social y política es indiscutible. Se la considera una de las madres del feminismo moderno, y fue pieza clave en la segunda ola del movimiento en Estados Unidos, desde donde luchó sin descanso por la aprobación de la ERA (la Enmienda de Igualdad de Derechos), que buscaba terminar con las distinciones legales entre hombres y mujeres en asuntos de divorcio, propiedad o empleo en los cincuenta estados del país. Sus poderosos discursos forman parte de la historia, al igual que su poderosa imagen.

El legado de Gloria Steinem en la moda radica en su capacidad para demostrar que el estilo puede ser una extensión del mensaje. No buscó convertirse en un icono de la moda, pero la coherencia entre su apariencia y sus valores la transformó en un referente. Su enfoque sobre la ropa sirve para recordarnos que la moda no debe ser un obstáculo, sino una herramienta para expresar quiénes somos y los ideales que defendemos. Hace casi cincuenta años que lucía eslóganes como «El feminismo es para todos»; hoy podemos ver colecciones con mensajes como «El futuro es femenino» o «Todos deberíamos ser feministas», popularizas por Dior en 2020. Recientemente, Steinem regaló a la duquesa de Sussex, Meghan Markle, una pulsera con una de sus frases favoritas: «Imagina que estamos unidas, no clasificadas».

La influencia de Gloria Steinem al redefinir cómo las mujeres podían vestir para ser fuertes, auténticas y femeninas a la vez dejó un impacto duradero tanto en la moda como en la cultura. Jane Fonda, gran actriz y activista, lo expresa acertadamente: «Gloria es como una pieza de la historia. Ha enmarcado el futuro y es absolutamente inspiradora». Su historia no es solo suya; es la historia de un movimiento, de una era y de un legado que sigue inspirando a quienes creen en un mundo más justo.

BIANCA
JAGGER

GLAMOUR EN LA PISTA DE BAILE

«Bianca es una de las pocas mujeres que puede ser un icono de estilo y una activista política al mismo tiempo. Su sentido de la moda es tan fuerte como su compromiso con las causas que defiende, y eso la hace excepcional».

Karl Lagerfeld

Bianca Jagger nunca aspiró a convertirse en un icono de estilo y quizá esa falta de intención fue lo que le permitió ser tan auténtica. La moda despertó su interés como una herramienta de empoderamiento y una forma de expresión: «Es posible que la gente me vea como un icono de la moda, pero también soy una defensora de los derechos humanos. Tengo una trayectoria de más de cuarenta años, creé una fundación en 2015 y trabajo incansablemente por las causas en las que creo», declaró en una entrevista a Shannon Mahanty para la revista *Elle*.

Ha dedicado gran parte de su vida a ayudar a los demás, demostrando que no es incompatible con la vida social y los actos públicos a los que acostumbra a asistir. Podemos encontrarla en semanas de la moda internacionales, apoyando colecciones como las de Maria Grazia Chiuri para Dior, desfiles en los que siempre hay una perspectiva feminista con la que Bianca se identifica. Tras haber realizado campañas por las mujeres en países como Irán o Afganistán, Jagger se unió a Chiuri para trabajar con artistas femeninas y recaudar fondos. La diseñadora italiana siempre ha tenido una gran sensibilidad y colabora con mujeres artistas en sus shows con el objetivo de apoyar diferentes causas, ¿qué mejor aliada que Bianca Jagger?

Mucho antes de ser una ferviente defensora de los derechos humanos, de ser la *socialité*, actriz y una de las figuras más icónicas de Studio 54, antes de ser la mujer de Mick Jagger, ella era simplemente Bianca Pérez-Mora Macías. Se crio en una familia conservadora de clase media alta en Nicaragua y sus padres se divorciaron cuando ella tenía diez años. Bianca ha contado en numerosas entrevistas que el ejemplo de su madre influyó mucho en ella: el hecho de ser una mujer divorciada en su país en aquella época, teniendo que trabajar para mantener a sus hijos, no estaba bien visto, por eso reconoce que la valentía y el aplomo que vio en ella ha sido una fuente de inspiración permanente en su vida, algo que la ha animado a ser independiente y a luchar por los derechos de los demás.

A los dieciséis años consiguió una beca para estudiar Ciencias Políticas en París, algo casi inalcanzable para una persona con sus orígenes, por lo que decidió aprovechar la oportunidad. Inspirada por *El extranjero* de Camus —su libro favorito— se aplicó a fondo en sus estudios. Hasta entonces solo había sentido dos vocaciones: de pequeña, ser monja y, más adelante, ser política. No podía imaginar siquiera lo que el destino le tenía preparado: durante la escala de una gira de los Rolling Stones en París, coincidió en una fiesta con Mick Jagger, que se enamoró perdidamente de ella.

Bianca era muy diferente a cualquiera de las mujeres con las que el cantante estaba acostumbrado a relacionarse. Él estaba viviendo con total intensidad su momento «estrella del rock» con todo lo que eso implicaba. Ella había sido educada en valores tradicionales, no abusaba del alcohol y las drogas y no se sentía atraída por el espíritu libertino de la época. Por si todo esto no fuera suficiente, era además una feminista declarada que juzgaba con dureza el trato que se daba a las mujeres en los videoclips, tanto por parte de la industria como de la sociedad. El entorno de Mick veía con preocupación la relación entre ambos: Bianca no les gustaba en absoluto y la percibían como una amenaza a la autenticidad y rebeldía del grupo. Mientras Bianca intentaba que Mick llevara una vida más saludable, la mujer de Keith Richards, Anita Pallenberg —casi un miembro más de la banda y también icono de estilo—, le profesaba un odio intenso y la tachaba de esnob y aburrida.

Suele decirse que los polos opuestos se atraen y así fue en el caso de Bianca y Mick, que se casaron muy pocos meses después de conocerse en una extravagante boda en Saint-Tropez. Bianca tenía solo veintiún años y estaba embarazada en secreto de su hija Jade. No tenía prisa por casarse, pero Mick, que para eso era mucho más conservador que ella, no le dejó opción. Bianca hubiera preferido un acto privado y discreto, pero él organizó una boda por todo lo alto, con aviones fletados para traer a los personajes más destacados del momento como Paul McCartney, Ringo Starr o Eric Clapton, que atrajeron la atención de toda la prensa internacional. Según los relatos más épicos de aquella fiesta, el regalo de boda de un amigo consistió en medio kilo de cocaína que su camello introdujo en el país pegado al cuerpo de sus dos hijos pequeños, toda una declaración de intenciones. Ese día Bianca descubrió de verdad el mundo del que iba a formar parte.

La misma mañana de la boda Mick sorprendió a Bianca con un abogado que traía un acuerdo nupcial no muy beneficioso para ella. Todo un detalle romántico para celebrar el gran día. Enfadada ante la falta de delicadeza de su futuro marido, Bianca suplicó cancelar la boda, pero Mick se negó y la acusó de querer dejarle en ridículo delante de sus invitados. Llena de dudas y tristeza, Bianca se presentó tarde a la ceremonia y regresó sola al hotel por la noche.

Pese a las difíciles circunstancias que rodearon el enlace, las imágenes de esta boda dieron la vuelta al mundo e hicieron famoso al que probablemente sea el look nupcial más inspirador hasta nuestros días. Es curioso, casi todos creen que Bianca Jagger lució un traje de chaqueta en su boda, pero no es así. Al menos, no del todo. Es posible que la confusión se deba al hecho de que vestía un dos piezas de Yves Saint Laurent y que una asociación rápida nos lleve al traje de pantalón emblema de la firma. El diseño que realizó para ella llevaba una falda larga, cortada al bies, acompañada con la ya clásica chaqueta Le Smoking que había debutado cuatro años antes en la pasarela, lo que supuso toda una revolución en la moda de la calle. Lo realmente innovador es que a la altura de 1971 nadie había pensado en usar un conjunto así como traje de novia, y menos aún llevarlo sin nada debajo como decidió hacer Bianca, dejando todo el escote al descubierto. Fue una novia atrevida y original que ha servido de inspiración a lo largo de cinco décadas a muchas mujeres. Su elección para ese día fue un éxito que no ha pasado de moda y de una actualidad radical.

Yves Saint Laurent y ella se hicieron grandes amigos. Bianca relató a *The Guardian* su primer encuentro: «Lo conocí por primera vez cuando fui a verlo a su casa-taller de la rue Spontini, ya que quería que diseñara mi vestido de novia. Cuando era una joven estudiante que vivía en París llevaba sus diseños Rive Gauche, porque no podía permitirme su alta costura. Fui con Mick, al que también vistió Yves, aunque la gente parece no recordarlo. Tenía una idea muy clara de lo que quería como vestido de novia. En contra de lo que muchos creen, no se trataba de un traje de pantalón: era una falda larga y estrecha, y una chaqueta. Él hizo el sombrero de ala ancha con velo y decidimos que, en lugar de ramo, llevara un ramillete de flores en la muñeca a juego con el traje. Siempre fue un placer que Yves me vistiera».

Sí lució el traje de pantalón del diseñador en otras ocasiones, y los trajes blancos o marfil fueron su sello personal. Hay muchas fotografías suyas que lo atestiguan: en 1972, en un aeropuerto; en 1980, para el estreno de una de sus películas; en una tarde de compras con su hija Jade; en un acto benéfico en los noventa para recaudar fondos destinados a la lucha contra el sida, o en 2013, en la inauguración de la exposición de David Bowie. Situaciones muy diferentes y a edades distintas, pero Bianca siempre deja claro que un traje blanco bien cortado es un acierto.

Desde el momento de su matrimonio, Bianca pasó a estar en el foco mediático: la bella mujer de Mick Jagger atraía todas las miradas con su exotismo y su estilazo. Sin embargo, ella no deseaba una vida de *rockstar* como el resto del grupo; en realidad disfrutaba rodeándose de otro tipo de personas, en otro tipo de fiestas. Trabó amistad con Andy Warhol y veraneaban en su casa con sauna privada; pasaban las Navidades en los Alpes o cenaban con escritores como Truman Capote. Bianca acercó a Mick hacia un mundo más intelectual y glamuroso, en el que ella se sentía más cómoda y feliz.

A pesar de la burbuja de privilegios en la que vivía, Bianca nunca dejó de interesarse por su país ni de buscar la forma de ayudar. En 1972 Nicaragua sufrió un terrible terremoto y ella convenció a Mick y al resto del grupo para organizar un concierto benéfico en favor de las víctimas. Esta fue una de las primeras veces en las que celebridades de este nivel se involucraban en un desastre de un país en desarrollo. Consiguieron una gran recaudación.

Por otra parte, su matrimonio fue muy complicado. Mick pasaba largas temporadas lejos de casa, de su mujer y su hija. Los rumores sobre infidelidades eran habituales, pero Bianca sabía que Mick tenía otros hijos de los que no se hacía cargo y por eso intentó con todas sus fuerzas que su relación tuviera éxito. Para mantener la mente ocupada empezó a refugiarse en sus amigos y era una habitual de la vida social y nocturna neoyorkina. Bianca se convirtió en una de las imprescindibles del mítico Studio 54. Sus mejores looks provienen de aquellas noches disco en las que brillaba con todo el glamour de una época que marcó un antes y un después en el mundo de la moda.

La fiesta de su treinta cumpleaños es una de las más recordadas de Studio 54. La leyenda cuenta que llegó a lomos de su regalo, un precioso caballo blanco igual que el que tenía en Nicaragua. Lo cierto —según ha desmentido ella misma— es que solo se subió un momento para hacerse la fotografía. Aquella noche llevaba un sencillo vestido rojo que dejaba sus hombros al descubierto y que lucía de maravilla sobre su tono de piel. Bailó toda la noche acompañada de Warhol o de Liza Minnelli.

Se convirtió en una de las *halstonettes*, amigas y musas del diseñador estadounidense Halston. Se paseaba junto a Pat Cleveland o Anjelica Huston por Studio 54 y por todas las fiestas del momento luciendo los diseños de su amigo, que había llegado para redefinir la moda del momento y situar a Estados Unidos en el mapa de la moda casi por primera vez. Ellas eran ahora los referentes de estilo, las chicas *cool* que inspiraban a todo el mundo con esos vestidos vaporosos de un solo hombro y looks de inspiración griega que les daban un aire etéreo y sensual a la vez.

Los abrigos cruzados de lana de Halston eran símbolo del lujo moderno, así como sus vestidos camiseros del tejido que inventó: el *ultrasuede* (antelina), que era suave como el ante, pero podía lavarse a máquina y se convirtió en la prenda más popular y vendida de Estados Unidos. El cuello halter, anudado en la parte trasera del cuello dejando al descubierto la zona de los hombros, las clavículas y la zona alta de la espalda, se llama así porque fue otra de las aportaciones de Halston.

El estilo de Bianca era una potente mezcla de rock y glamour con una pizca de exotismo que siempre imprimía un punto extra de elegancia. El auge de la época disco se plasmó en los vestidos dando protagonismo a los brillos y las lentejuelas. Es maravilloso ver estos looks elaborados con telas lujosas como el satén o la seda y tejidos metalizados que brillaban con la luz de la bola de las discotecas. Iban con vestidos largos, plumas o tocados de lentejuelas en la cabeza, tacones y abrigos extravagantes. Disfrutaban de la moda y de su glamour, eran como las divas del antiguo Hollywood una noche cualquiera entre semana. Viendo estas imágenes pienso que hoy salimos a cenar o a celebrar casi en vaqueros y deportivas y siento nostalgia por una época que no viví.

Bianca era camaleónica. Además del toque disco, lucía como nadie los vestidos bohemios y los caftanes, que casaban a la perfección con ese espíritu libre que había en su interior y con el que se identificaban muchas mujeres de la época. Los estampados de la década —como los psicodélicos o el *animal print*— también fueron muy usados por ella. Aunque le gustaba innovar y probar estilos diferentes, el secreto de su éxito reside en que la reconocemos en todos y cada uno de ellos.

Su elección de complementos era de lo más acertada: sombreros de ala ancha o boinas hasta de lentejuelas, maxigafas, piezas de joyería o bisutería de gran tamaño, cinturones sobre los vestidos e incluso un bastón que llegó por necesidad (tuvo un accidente patinando), pero que la acompañaba como un elemento estético más.

Tuvo un sentido andrógino de la moda y, como muchas feministas de la época, acostumbraba a mezclar elementos femeninos y masculinos, apropiándose de piezas como el mencionado traje de chaqueta. Llevaba los pantalones de pernera como nadie, tanto para looks de día como de noche. Se convirtió en una *trendsetter* y en un símbolo de empoderamiento que demostraba su carácter fuerte e independiente.

En mayo de 1978 Bianca decidió poner fin a su matrimonio con Mick Jagger. Dos semanas después, los Rolling Stones lanzaron *Some Girls*, considerado su álbum más sexista de todos los tiempos, que estuvo rodeado de polémica. Cuando en 1979 formalizaron el divorcio, Bianca declaró: «Hasta cierto punto, fui un pez fuera del agua en mi matrimonio. Nunca encajé en su mundo. El día de mi boda fue muy desconcertante, me di cuenta de que no iba a tener el control de mi vida. Mick es el colmo del machismo y en cierta forma mi divorcio fue una liberación. Aunque fue difícil; no habría querido que pasara». Bianca siempre quiso llevar a cabo proyectos propios como escribir un libro sobre la nutrición en América, pero Mick nunca la apoyó en estas inquietudes ni en su posible carrera como actriz, pese a que muchos veían en ella todo el talento y el glamour que Hollywood había perdido.

Fue la miembro más joven de la historia en el Salón de la fama de las mejor vestidas de la revista *Vanity Fair* y portada *Vogue* en 1974, protagonizando uno de mis editoriales favoritos realizado por el fotógrafo Eric Boman. El mundo de la moda la reclamaba, pero ella se decantó por la actuación y participó en varios largometrajes. Descubrió que esto tampoco era lo que realmente quería, su mente estaba todo el rato en otro lugar. Se había producido un golpe de Estado en su país natal meses antes de su divorcio; cuando visitó Nicaragua acompañando a una delegación de la Cruz Roja, quedó hondamente impresionada por la brutalidad del régimen de Somoza. También viajó a Honduras y la experiencia de palpar el horror tan de cerca la persuadió para dedicarse a luchar por los derechos humanos. Su vida había cambiado para siempre.

«No fue fácil —fue muy difícil— ser una chica glamurosa, casada en un matrimonio como el mío [...] y luego comprometerme a ser una activista en favor de los derechos humanos. Tuve que sobreponerme al escepticismo y las burlas. Entendí que era el precio a pagar. Pero sabía que mi compromiso, mi perseverancia y mi atención eran lo realmente importante, no explicarlo o intentar justificarlo. Al fin y al cabo, mis logros serían los que hablasen por mí», declaró en 2008 en una interesantísima entrevista sobre su labor humanitaria a *High Profiles*.

Desde aquel momento, Bianca dedicó su vida a dar voz a los segmentos más vulnerables de la sociedad: niños, mujeres, indígenas, víctimas de abusos sexuales o víctimas de la limpieza étnica. Ha utilizado su nombre y su imagen para poner cara a los horrores que tienen lugar en todas las partes del mundo. En 2007 creó su propia fundación, la Bianca Jagger Human Rights Foundation, cuyos intereses van desde el calentamiento global hasta la defensa de los derechos de las mujeres en todo el mundo.

Su relación con la moda se contagió del mismo espíritu y por eso colabora y se involucra con aquellos diseñadores que comparten sus ideales. Dior apoyó en 2014 la gala de la Bianca Jagger Human Rights Foundation, un evento destinado a la recaudación de fondos con dos claros propósitos: la denuncia del matrimonio forzado y la lucha contra la mutilación genital femenina. Diez años después Bianca se sienta en el *front row* del Dior liderado por Chiuri, a la que admira por romper las normas de la vestimenta de las mujeres, por animarlas a potenciar su estilo propio y por ayudar a empoderarlas.

Cuando la vemos en las semanas de la moda, podemos apreciar cómo mantiene su estilo único y ecléctico, que sigue atrayendo tanto al público como a los diseñadores. De hecho, una de las últimas colecciones de Fendi está inspirada en los looks de Bianca y de Studio 54. Manolo Blahnik se refiere a ella como una mujer con un estilo inolvidable, que siempre está en su cabeza al diseñar. A sus casi ochenta años continúa siendo una mujer todoterreno, que aprovecha su asistencia a un desfile vestida con un look maravilloso para poner el foco en una nueva causa justa.

Anna Wintour, la influyente editora de moda neoyorquina, se refiere a ella como una musa atemporal: «Desde los setenta hasta ahora, su estilo sigue siendo relevante, innovador y asombrosamente contemporáneo. No es solo una belleza, es alguien que entiende el poder de la moda para hacer declaraciones».

Bianca es imparable, ha demostrado que no es el cliché que muchos juzgaban por haber estado casada con una estrella del rock. El estilo y el glamour no están reñidos con unos sólidos principios. Desde mi punto de vista, su estilo es una combinación magistral entre la elegancia clásica y la experimentación; y su figura, la de un icono de moda que es mucho más que un icono de moda.

MADONNA

EL CUERPO Y LA MODA COMO ESCENARIO

«Ella ha cambiado la forma en que vemos la moda en la música. Es una innovadora».

RIHANNA

No hay nadie que se transforme como lo hace Madonna. La llamada «reina del pop» tiene un don innegable para la evolución y por eso es una de las artistas más famosas del siglo XX. Si hablamos de moda y música, no cabe duda de que es la más influyente porque fue la primera estrella en establecer una relación simbiótica con la moda desde que empezó su carrera en los años ochenta. Además, ha sabido mantener esa posición en el tiempo, inspirando tanto a las generaciones más jóvenes como a los nuevos diseñadores y artistas. Cuatro décadas después, sigue siendo un referente en ambos campos, quizá porque su capacidad para cambiar de estilo y de imagen es única: Madonna nunca se queda atrás.

Madonna cambió la forma en que las estrellas del pop eran percibidas y eso abrió un mundo de posibilidades para las que llegaron después de ella. Artistas como Rita Ora —o la mismísima Naomi Campbell— han reconocido que es su icono de moda (y mucho más). Sus looks sobre el escenario, a menudo excesivos y performativos, no están pensados para trasladarlos a la calle tal cual, pero su poder es el de inspirar a las mujeres a ser más atrevidas y a abrazar los nuevos estilos que surgieron en la sociedad; no los inventó ella, pero les dio el empujón definitivo para que se convirtieran en tendencia.

A principios de los ochenta —década marcada por lo excesivo— Madonna supo defender como nadie las hombreras y los cardados en el pelo. Adoptó una estética punk que tenía un punto muy provocativo con faldas de tul, medias de rejilla, guantes tipo mitón y chaquetas de cuero. Popularizó este look en sus videoclips, que reflejaban la cultura callejera neoyorquina, ciudad en la que vivía. Mezclaba esta estética con diferentes elementos femeninos y juveniles. Causó sensación entre los jóvenes de la época, una generación rebelde y atrevida, que dejaba atrás el glamour de la era disco para abrazar un estilo mucho más despreocupado con el que expresar su disconformidad social.

Madonna llegó a Nueva York en 1978 para estudiar danza contemporánea. La ciudad que encontró era un hervidero de jóvenes con muchas ganas de cambiar la escena. Para ella fue como ver la luz, aunque siempre ha declarado que también se inspiró en la gente de su barrio natal en Míchigan, donde había personas con un estilo muy especial que según ella lograban lucir bien sin tener dinero. Había crecido en una familia de nueve hermanos, educados en valores muy religiosos. Al ver cuánto se enfadaba su padre cada vez que ella se vestía con pantalones para ir a la iglesia, comprendió de inmediato el poder de la indumentaria para declarar su rebeldía.

Perdió a su madre a los seis años y recuerda que se ponía calcetines desparejados o ropa que no conjuntaba solo para enfrentarse a su madrastra. Utilizaba la ropa y la estética para mostrarse diferente a las demás niñas del colegio y siguió haciéndolo durante toda su época de estudiante como manifestación de su inconformismo. Fue la primera de su entorno en dejar de hacer cosas como depilarse o maquillarse por complacer a los demás o perpetuar roles que no le convencían.

El concepto *Do it yourself* es esencial para entender esta época. Los jóvenes no solían disponer de un gran presupuesto para moda, pero su imaginación no conocía límites: compraban prendas de segunda mano y las customizaban a su gusto —camisetas y medias rotas—, en sintonía con el look de la era *Like a Virgin*, que fue muy imitado. Algunas marcas como Fiorucci comenzaron a lanzar prendas que seguían este estilo cada vez más popular.

A Madonna le gustaba romper tabúes y provocar con ello. Educada en una familia muy religiosa, incorporó todo ese imaginario a su forma de vestir, mezclando la tradición con altas dosis de rebeldía. El uso que hizo de símbolos como las cruces y los rosarios, entre otros elementos, influyó enormemente en la moda. Su aparición en los MTV Awards de 1984, así como en el escandaloso vídeo *Like a Prayer*, abrió la puerta a que muchos diseñadores —desde Jean-Paul Gaultier hasta Dolce & Gabbana— incorporaran elementos religiosos a sus colecciones, fomentando esa combinación entre lo sagrado y lo profano tan característica de esa época.

A finales de los ochenta Anna Wintour desembarcó en *Vogue* América con muchas ganas de cambiar las cosas. Pese a que el mundo de la moda era de lo más elitista y no atendía ni a los jóvenes ni a la moda urbana, no podían pasar por alto el influjo de la estrella del pop. La revista, que había gozado de gran éxito en décadas anteriores, empezaba a quedarse anticuada y Wintour no tardó en entender que era imprescindible salir de los despachos y volver a conectar con lo que estaba pasando en la calle. El futuro lo estaban construyendo los jóvenes y ellos ya no se interesaban por iconos como Audrey Hepburn o Grace Kelly. Madonna era la nueva chica a la que la juventud rendía pleitesía.

Madonna apareció en la portada de la revista en 1989, en un giro revolucionario impulsado por Anna Wintour. Hasta ese momento, sesiones como esa solo se hacían con modelos. Además, las fotos se tomaron en casa de la artista, donde se mostraba tranquila y relajada, con un aire radicalmente distinto al de sus videoclips, que contenían mucha producción y relato. Escogieron una imagen de ella en la piscina, con el cabello mojado y un simple bañador blanco. Al recibirla en la imprenta, llamaron para preguntar si se trataba de un error. Pero lejos de serlo, ese número se convirtió en todo un éxito y marcó una nueva senda. Un año después de aquella portada, Madonna lanzó *Vogue*, uno de sus *hits*, en clara alusión a la revista y con un videoclip en el que la artista posa como las modelos. El *vogue* o *voguing* era un baile que provenía de las *ballrooms* que organizaban las drag queens neoyorquinas imitando sus poses; Madonna tomó una referencia de nicho y la elevó a éxito mundial. Se convirtió en todo un himno.

La decisión de colocar a una artista musical en la primera plana de *Vogue* supuso un antes y un después. A partir de la llegada de Wintour, la publicación tomó un rumbo mucho más moderno. Desde mi punto de vista, fue una apuesta arriesgada, pero muy inteligente ya que las revistas de moda tienen que saber captar las tendencias en su sentido más amplio y reflejar el espíritu de su tiempo. En Instagram pueden leerse críticas similares cuando aparece, por ejemplo, Bad Gyal en las páginas de *Vogue* España: «¿Dónde ha quedado la clase?», preguntan algunas personas que prefieren vivir siempre en épocas pasadas.

Durante la gira *Blond Ambition*, en 1990, Madonna lució uno de sus looks de mayor impacto: el famoso corsé cónico diseñado por el modisto francés Jean-Paul Gaultier. El espectáculo se abría con ella sobre el escenario, vestida con una americana negra. Al interpretar *Express Yourself*, uno de los *hits* del álbum *Like a Prayer*, se despojaba de la chaqueta bajo la que llevaba el corsé de satén rosa con copas en forma de cono que hoy todos reconocemos como suyo. En la segunda parte del show llegaba otro de los platos fuertes, *Like a Virgin*, que cantaba sobre una cama de terciopelo rojo ataviada con una nueva versión del corsé en dorado mientras simulaba una masturbación. Estas imágenes dieron la vuelta al mundo y el corsé se convirtió en un icono en sí mismo de la cultura pop.

El diseñador, que ya empezaba a ser considerado el *enfant terrible* de la moda, era un gran fan de la artista. «Cuando Madonna me llamó en 1989 —cuenta Gaultier en una entrevista en *The New York Times*— pensé que mi asistente me estaba gastando una broma. Me pidió si podía hacer el vestuario del *tour*. Sabía lo que quería: un traje de raya diplomática, el corsé femenino. A ella le gustaban mis diseños porque combinaban lo masculino y lo femenino». Se reunieron varias veces y llegó a realizar hasta mil quinientos bocetos para la cantante, que siempre ha sido muy exigente. Incluso vieron películas juntos en busca de inspiración, como la mítica *Cabaret*. El cine es otra de las grandes influencias de ambos.

Desde el principio estuvo claro que el corsé formaría parte del vestuario de la gira. Esta elección contenía muchos mensajes: por un lado, se trataba de una prenda interior, concebida para llevar debajo de la ropa, que se utilizaba como prenda exterior; por otro, liberaba un símbolo que durante siglos había oprimido el cuerpo de las mujeres. La versión de Gaultier reformulaba su confección en una pieza menos rígida y la combinaba con el diseño de los sujetadores puntiagudos que se estilaban en la década de los cuarenta. Madonna completó el trabajo de resignificación empleándolo en un contexto de sensualidad, pero como una declaración de poder: llevar una prenda íntima de forma tan pública desafiaba las nociones tradicionales de feminidad. Este look inspiró a toda una generación de diseñadores que comenzaron a explorar la moda a través de la lente de la sexualidad femenina. También abrió camino para que otras artistas y figuras públicas utilizaran la moda como herramienta para reivindicar el empoderamiento sexual.

En este recorrido por la historia de la moda ya nos hemos encontrado con distintas formas de reivindicar el feminismo y la liberación de las mujeres a través de la ropa, que van desde de la apropiación de la vestimenta masculina y los trajes, hasta la redefinición de la sexualidad femenina mediante prendas sensuales que muestran el cuerpo más allá de la convención. En el caso de

Madonna —y Gaultier—, ambas perspectivas confluyen en el corsé y el traje de raya diplomática. Suzy Menkes, una de las mejores periodistas de moda, escribió al respecto: «La emergente libertad sexual de las mujeres que se inseminó en los años sesenta culminó con el vestuario que Gaultier diseñó para la gira mundial de Madonna *Blond Ambition*».

En la década de los noventa, con el nacimiento de su nuevo álbum *Ray of Light* Madonna introdujo un estilo más espiritual y minimalista, acorde con los cambios en las tendencias. Abrazó en cierto sentido la moda new age y empezó a usar vestidos largos, túnicas y prendas más ligeras, acompañadas de joyería delicada y natural. Esta transformación guardaba relación con su creciente interés por el misticismo y, en concreto, por la cábala, y se tradujo en un cambio hacia un estilo más introspectivo y terrenal que mostraba su evolución hacia otro momento vital. Esta fase minimalista y más natural influyó en la cultura de la moda de finales de los noventa y principios de los dos mil, en la que el yoga, la meditación y la espiritualidad se integraron en la vida de muchas personas. Madonna era todo un referente que ayudaba a que las nuevas tendencias sociales influyeran en el resto de la sociedad.

Madonna ya había utilizado la ropa como herramienta de reivindicación con anterioridad, pero ahora se lanzó a hacer activismo con ella. Como ya había demostrado, manejaba el lenguaje de la moda a la perfección y por eso, durante la promoción de *American Life* en 2003, incorporó a su vestuario uniformes militares para criticar la política bélica estadounidense. La boina militar y las chaquetas con insignias le sirvieron para protestar contra la guerra iniciada en Irak. De nuevo, artistas, diseñadores y activistas se inspiraron en ella para transmitir mensajes sociales y políticos a través de la indumentaria.

En 2005 llegó un nuevo giro de la mano de *Confessions on a Dance Floor*, su nuevo trabajo, en el que recuperaba la estética de la música disco de los años setenta. Tom Ford, entonces al frente de Gucci, había apostado por la influencia retro en la moda y ahora estaba decidido a que hubiera una vuelta a la ropa sexy. Madonna estaba encantada con la idea y de hecho fue una de las primeras en llevar un look de su colección, vistiendo en unos premios MTV un pantalón de terciopelo y una sensual camisa de seda azul abierta que dejaron claro el nuevo rumbo de la moda. En esta fase, Madonna trajo de regreso todo el glamour de Studio 54 representado en botas altas, chaquetas de lentejuelas, bodies ajustados y colores brillantes. Su peinado de ondas marcadas, inspirado en las estrellas de los setenta como Farrah Fawcett, también marcó tendencia en salones de belleza, con muchas mujeres adoptando este estilo voluminoso y glamuroso.

En los últimos años, sobre todo después del lanzamiento del álbum *Madame X*, la artista ha adoptado un nuevo enfoque mucho más barroco y teatral. Ha incorporado a su estilo elementos inspirados en la vestimenta tradicional de distintas culturas, así como atuendos complejos y elaborados que manifiestan su continuo deseo de reinventarse. El uso de parches en el ojo y estilismos extravagantes muestra una mezcla de moda conceptual con arte performativo.

Si algo queda claro al estudiar las distintas etapas de Madonna es que para ella es fundamental evolucionar como artista, como mujer y como icono de estilo. Ha sido capaz de captar como nadie qué será lo próximo y contribuir a liderar las tendencias, aunque la revisión del pasado siempre está, de un modo y otro, en cada reinvención. Ya en *Material Girl*, disco que la consagró como estrella del pop, protagonizaba un videoclip en el que llevaba un vestido rosa sin mangas a juego con los guantes y un precioso collar de diamantes, que remitía a la mítica interpretación de Marilyn Monroe en *Los caballeros las prefieren rubias*, de 1953.

El cine clásico ha sido una fuente constante de inspiración para ella, y a principios de los noventa tomó el estilo andrógino de Marlene Dietrich en *Marruecos* —filme del que ya hemos hablado en este libro— adoptando el traje de chaqueta como parte de sus looks. El hecho de que una mujer vistiera traje ya no suponía un escándalo en los noventa, sin embargo Madonna supo encontrar la provocación por medio del corsé: «Me gusta cruzar las fronteras entre hombres y mujeres. Me gusta empujar a la gente, romper con los estereotipos. Hay demasiados estereotipos. Incluso las mujeres liberadas permanecen en determinadas categorías. Nadie es demasiado amenazante». No ha abandonado esa dualidad a lo largo de toda su carrera, presente en múltiples combinaciones, ya sean trajes masculinos combinados con ropa interior o chaquetas moteras de piel con vestidos y faldas de tul.

Su imaginario se nutre de muchos elementos a los que ha ido añadiendo capas en las diferentes etapas de su vida. Su visión de la estética es ecléctica y en ella cabe tanto la moda callejera como el glamour de los años dorados de Hollywood; el simbolismo religioso o las piezas étnicas. Y una cosa importante, ha sabido rodearse de un grupo de personas —estilistas, peluqueros y creativos— que han trabajado con ella desde el principio. Son capaces de captar su esencia y saber lo que tiene en mente, cosa que, por lo que cuentan, no es tarea fácil.

En cuanto a su relación con la moda, ha ido de la mano de diseñadores y casas que compartían ese espíritu moderno. Además de los ya mencionados Jean-Paul Gaultier y Tom Ford, hay que destacar una tercera figura, la de Gianni Versace. Del mismo modo que Wintour fue pionera a la hora de apostar por Madonna desde la portada de *Vogue*, Versace fue el primero en contar con una artista como imagen de su marca en 1995. Hoy es común ver a cantantes y músicos en este rol, pero hay que reconocer que fue Madonna quien abrió la puerta.

La imagen de la diva del pop es de las más completas, por eso su influencia se ha hecho notar más allá de sus looks. Todos los peinados que ha llevado desde los ochenta —sus característicos cardados, sus mechas rubias o los cortes irregulares— han sido imitados por miles de mujeres, así como su cuerpo. En los años ochenta el canon corporal cambió, dejando atrás las siluetas estilizadas de los setenta. Mientras Jane Fonda explicaba cómo entrenar en televisión, las mujeres se ponían en forma buscando un cuerpo más musculado. Madonna siempre ha representado este culto al cuerpo, y ha contado en muchas entrevistas lo esencial que es para ella mantenerse en forma para poder desarrollar shows tan exigentes como los suyos, que requieren cantar, bailar e interpretar al mismo tiempo.

Con ella sucede algo curioso y es que aparece tanto en las listas de mejor vestidas como en las de peor vestidas. Tampoco podemos olvidar que, sobre el escenario, los artistas representan un papel. Es un icono diferente al resto y su abordaje de la moda también lo es: no importa tanto la elegancia o el saber estar como transgredir los límites. Su constante búsqueda de la provocación ha hecho que reciba muchas críticas, pero a mayor ferocidad en los ataques, mayor popularidad e influencia. Madonna ha ido un paso más allá y no solo ha inspirado a millones de mujeres de todo el mundo, sino que también miles de hombres la consideran un referente.

Ha sido incluida en listas que dejan claro su impacto en la moda. Ya en 1998 recibió el primer premio de los VH1 Fashion Awards, y años más tarde figuraba en la de Time's All-TIME 100 Fashion Icons, Style and Design. Si para su amigo Jean-Paul Gaultier ella era el mayor icono de la moda, otros grandes nombres como Karl Lagerfeld hablaron de ella como la mayor influencia de la moda en el mundo. Ha inspirado a las nuevas generaciones de diseñadores como Alexander McQueen, Riccardo Tisci y Jeremy Scott, y su influencia continúa viéndose en la moda actual, especialmente en artistas como Lady Gaga, Beyoncé y Rihanna.

En 1990, Madonna declaraba a *Los Angeles Times*: «Es importante para mí expresarme como artista, como mujer, como una imbécil si es así como me siento. Nadie ha hecho lo que yo hice de la forma en que lo hice. No sé qué dirán sobre mí dentro de cincuenta años, pero estoy segura de que hablarán de mí». Aún no han transcurrido esos cincuenta años, pero ya sabemos que tenía razón.

CAROLYN BESSETTE-KENNEDY

LA ANTÍTESIS DEL RUIDO

«Carolyn era un icono del estilo minimalista antes de que este se convirtiera en una tendencia. Con cada elección de moda, proyectaba una elegancia y una confianza que solo unos pocos poseen».

Anna Wintour

El estilo de Carolyn Bessette-Kennedy es una lección de elegancia sin estridencias. En una década marcada por los excesos de la moda y la constante búsqueda de atención, Carolyn emergió como un faro de minimalismo. Vestía como si cada prenda estuviera hecha para perdurar no solo en el tiempo, sino en la memoria. Su silueta se definía por trajes sobrios, vestidos de corte impecable y un uso calculado de la textura. Los tonos blancos, negros y beis eran su paleta, y en ella encontró la libertad para destacar sin pretensiones.

Armario cápsula, lujo sostenible, menos es más... Estos son conceptos que no paramos de escuchar en los últimos años y que Carolyn Bessette puso en práctica hace casi tres décadas. Quizá por ello, aunque su nombre no le suene a mucha gente —algo con lo que esta mujer de perfil discreto estaría encantada—, es la protagonista de los paneles de inspiración de muchos diseñadores, de las numerosas cuentas en redes sociales que analizan su estilo o de los editoriales y las campañas de moda que después de tantos años continúan considerándola un modelo a seguir.

Carolyn es el referente favorito de la mayoría de las personas que forman parte del mundo de la moda, y es que su estilo sencillo, natural y lujoso pero no opulento resulta atemporal. Cuando revisamos sus maravillosas fotografías caminando por la calle junto a su marido y su perro Friday, nos parece que podrían haber sido tomadas esta misma mañana. El término *it girl* aún no existía, pero si hubo una *it girl* en los años noventa esa fue, sin duda, Carolyn Bessette, y el tiempo no ha hecho más que constatarlo. Un trágico accidente segó su vida antes de tiempo, lo que nos ha impedido admirar la evolución de su estilo a lo largo de los años.

Su nombre saltó a la fama cuando empezó a salir con John F. Kennedy Jr., hijo del fallecido 35.° presidente de los Estados Unidos y de Jacqueline Kennedy Onassis, otro de nuestros iconos de estilo. Carolyn no era una completa desconocida para la sociedad neoyorquina, y menos aún en el mundo de la moda, ya que trabajaba como directora de eventos para Calvin Klein, en pleno apogeo del minimalismo que la marca abanderaba. Ella organizaba y formaba parte de los eventos y las fiestas más *cool*, y se codeaba con clientes importantes, famosos, modelos y fotógrafos. No obstante, su unión con uno de los hombres más deseados del momento disparó su popularidad, muy a su pesar.

Carolyn Bessette se había criado junto a sus dos hermanas en el seno de una familia de clase media de padres divorciados. Se graduó en Magisterio en la Universidad de Boston y le hubiera gustado ser profesora igual que su madre, pero no le quedó más remedio que simultanear sus estudios con un trabajo en una tienda de un centro comercial en Massachusetts. La tienda era Calvin Klein, una marca en pleno despegue cuya filosofía resultaba muy afín a la imagen de Carolyn. Gracias a su aspecto impecable y al buen trato con los clientes, sus superiores no tardaron en darse cuenta del potencial de la joven y le ofrecieron hacerse cargo de los clientes vip en Nueva York. Su ascenso discurrió en paralelo al de la firma, que cada vez estaba más de moda entre el público, y ella se convirtió en la popular directora de eventos de una de las marcas con más atractivo para los jóvenes neoyorquinos en la década de los noventa.

Durante esos años se codeó con lo más selecto del mundo de la moda. Ayudaba con su buen gusto a vestir a las celebridades, supervisaba las sesiones de fotos y mantenía una relación muy estrecha con todas las personas que formaban parte de la familia de la marca, como el diseñador Narciso Rodríguez o la modelo Kate Moss, de la que era vecina. Bessette representaba mejor que nadie el espíritu de Calvin Klein: minimalismo, estilo y creatividad, como así reconoció el propio diseñador en unas declaraciones a la revista *InStyle*: «Carolyn capturó el espíritu de los años noventa como ninguna otra. Su estilo era completamente suyo: refinado, sin pretensiones, pero absolutamente magnético».

Conoció a John F. Kennedy Jr. en 1992, precisamente en uno de los eventos que ella organizaba. Él se quedó prendado al instante, aunque no iniciaron su relación hasta dos años después. Su vida cambió por completo al hacerse público el noviazgo, ya que pasó a estar en el centro del foco mediático, cosa que detestaba. Eran la pareja de moda y la prensa les hacía fotos a diario: saliendo de su apartamento en Tribeca, paseando al perro, de compras o incluso discutiendo en Central Park.

La fama hizo muy infeliz a Carolyn, según cuentan sus amigos. Amaba su vida discreta y tranquila, pero el acoso de los *paparazzi* era cada vez mayor. Ideó estrategias para intentar despistarlos como salir muy temprano de casa, vestir de riguroso negro o repetir estilismos y que eso les hiciera perder el interés por fotografiarla. Nada de eso funcionó. Sin pretenderlo, se había convertido en el icono de mujer americana. La situación estaba fuera de control y fue motivo de muchos problemas y discusiones con su futuro marido, que llegó a rogar a la prensa que le permitieran mayor privacidad. Hay una portada famosa de octubre de 1996 en la que él clama: «*Just leave her alone*». Mientras tanto, Carolyn se negaba a hacer declaraciones o a posar para la prensa, que se vengó llamándola «Cool Carolyn» o «Ice queen», y comparándola negativamente con su suegra Jackie O. Sus amigos cercanos confiesan que dudó ante la petición de matrimonio de John, del que estaba profundamente enamorada, porque era consciente del terremoto que esa decisión implicaba en su vida.

Más allá del interés que despertaba la relación entre ellos, había algo en Carolyn que funcionaba como un imán. Su imagen y su carisma resultaban fascinantes para las mujeres, que analizaban al detalle todas las fotografías que se publicaban de ella para imitar su estilo. Cualquier aparición pública de la pareja era un acontecimiento donde ellos acaparaban la atención. En el libro homenaje que le dedicaron tras su muerte, *CBK: A Life in Fashion*, Sokol afirmó: «Carolyn era guapa, pero no se lo creía. Era obvio que tenía un gran sentido del estilo y que destacaba sobre el resto».

Bessette no necesitaba adornos llamativos ni tendencias pasajeras para atrapar todas las miradas. Su forma de vestir constituía un acto de equilibrio entre lo moderno y lo clásico, una danza sutil entre lo terrenal y lo sofisticado, que no buscaba protagonismo; simplemente lo asumía. Un buen ejemplo de ello se produjo en la Gala del MET de 1994, a la que acudió con un sencillísimo vestido lencero negro con el que robó el protagonismo al resto de invitadas. El vestido negro, pieza clave que Chanel diseñó como símbolo de la mujer moderna y fuerte; que Audrey vistió después convirtiéndolo en el *summum* de la elegancia, Carolyn Bessette lo transformó en una prenda sexy y estilosa a la vez. Sin necesidad de quitarle mérito a sus predecesoras, creo personalmente que no hay nada más complicado que lo que ella logró.

Aunque todo en su estilo era natural y en absoluto forzado, no hay que caer en el error de pensar que no cuidaba sus looks. Solo hay que prestar un poco de atención a los detalles, al modo en que colocaba las prendas, para descubrir que todo tenía sentido y que por eso conseguía un resultado impecable. Carolyn era muy consciente de lo que le sentaba bien, sabía jugar con las formas y con las siluetas y, por supuesto, apreciaba la calidad. No tenía ningún problema en repetir las fórmulas de éxito y con ello construyó su sello de identidad. A menudo los iconos de estilo configuran un «uniforme» propio con el que se sienten representadas.

Una de ellas era la camisa blanca, una prenda que en su caso funcionaba como un fondo de armario adaptable a cualquier situación, algo con lo que no puedo estar más de acuerdo. Las mujeres ahora estamos muy acostumbradas a su presencia, pero durante muchos años la camisa blanca perteneció únicamente al armario masculino. Para ella era habitual usar piezas de las colecciones de hombre, tanto de Calvin Klein como los básicos de Prada.

De nuevo, no se trataba solo del hecho de vestir una camisa sino del modo en que lo hacía: cómo la abrochaba, cómo colocaba las mangas... Observo sus fotos con mi mirada de estilista y no tengo más remedio que aplaudirla. Muchos diseñadores reconocen que la mayor dificultad reside en crear las prendas más básicas, ya que les exige precisión en los materiales, las formas y las siluetas. Creo que es igual para quien las lleva: conseguir que tu estilo destaque luciendo estas prendas es sumamente complicado.

Su armario se componía mayoritariamente de prendas de colores neutros: mucho beis, negro y blanco, lo cual tiene sentido en el contexto en el que emergió. La década de los noventa buscaba deshacerse de todos los excesos, señalando el camino hacia el minimalismo. La propuesta de Calvin Klein iba totalmente en esa dirección, e incluso las fotografías de sus célebres campañas apostaban por el blanco y negro. Carolyn jugaba con paletas neutras y cuando quería aportar un extra a sus estilismos añadía texturas o siluetas especiales.

La sastrería era su mejor aliada, conocía a la perfección el poder de un abrigo bien confeccionado. Por supuesto, contaba con diseñadores fetiche más allá de CK. Vestía de Prada con frecuencia, y es que Miuccia Prada elaboraba unos abrigos de doble faz en lana maravillosos que Carolyn lucía como nadie. La filosofía de la firma italiana, que podríamos definir como «lujo con un punto intelectual», le sentaba como un guante a la personalidad de Bessette, aunque ella la llevaba incluso más lejos y en alguna ocasión pidió retirar de sus prendas el triángulo identificativo de la marca. En su afán por la discreción, resultaba muy complicado saber quién había diseñado la ropa que vestía, todo lo contrario de la moda de la *logomanía* que llegaría después.

Carolyn no seguía tendencias, y si su estilo es la personificación de la moda de los noventa se debe a que ella contribuyó a la creación de ese fenómeno de manera natural y espontánea. La ropa *casual* reinó en Estados Unidos durante aquella década y nadie mereció llevar esa corona más que ella: esos toques de estilo *varsity* de universidad americana, sus inseparables jeans de Calvin Klein o los Levi's 517 que compraba en tiendas *vintage*, la camiseta blanca de algodón que combinaba de múltiples maneras o las zapatillas Nike Air Max. Para los estilismos más deportivos elegía marcas como APC, Petit Bateau o los básicos de Helmut Lang. Cada pieza parecía estar hecha a su medida, como una extensión natural de su personalidad, e incluso en los momentos más casuales lograba transmitir un aura de perfección aparentemente espontánea.

También supo valorar a los diseñadores japoneses *avant-garde* como Yohji Yamamoto o Comme des Garçons, que empezaban a despuntar desde un acercamiento a la moda totalmente diferente. Se sentía bien con los abrigos de Yamamoto —que también apostaba por el «menos es más»—. El discreto diseñador japonés lamentó mucho su muerte y declaró a WWD que Carolyn era la única persona a la que quería conocer y ya no podía.

Su elección de complementos —como su característica diadema de carey— también era muy acertada y personal. Y su selección de bolsos, impecable: desde las siluetas geométricas en negro de Prada (que la marca ha reeditado en los últimos años) hasta los de Hermès (las piezas más lujosas de su armario), solía llevarlos en la mano en un gesto de estilo muy característico.

No acostumbraba a llevar grandes joyas ni nada demasiado llamativo. Escogía una pieza significativa, que normalmente se trataba de un reloj: el Tank de Cartier de Jackie Kennedy, a quien, por cierto, no llegó a conocer. Más allá de su estética, el estilo de Carolyn era una declaración de independencia. En un mundo obsesionado por la ostentación, ella demostró que el poder reside en la moderación, que la belleza puede encontrarse en lo esencial y que el verdadero lujo no es lo que se lleva puesto, sino cómo se lleva.

El día de su boda con John F. Kennedy dejó muy claro su gusto por la sencillez. Para la ceremonia íntima eligió un diseño de su amigo Narciso Rodríguez, un vestido lencero de crepé de seda cortado al bies al que simplemente añadió unos guantes de tul a juego con el velo y unas sandalias también minimalistas. Su peluquero George Kyriakos le hizo un recogido sencillo, con un punto natural y un poco deshecho, que ya había llevado en otras ocasiones. Este último confesó que tuvieron que arreglar el vestido en varias ocasiones debido al estrés que le supuso organizar una boda que quería mantener en secreto a toda costa.

Ella misma se maquilló para la boda, y es que Carolyn solía ir con la cara lavada y algún toque de color en los labios. Según contaban sus amigos, nunca quiso ser solo una cara bonita y Edward Enninful, director del *Vogue* británico, llegó a decir que Carolyn sentía la necesidad de moderar su belleza para no llamar la atención. Lo cierto es que poseía una rara belleza calmada, con unos rasgos poco habituales que no encajaban en los cánones al uso y que, sin embargo, hacían de ella alguien muy especial, con un halo que se potenciaba en persona. Es difícil saber si se debía a ese miedo a destacar o al deseo de ser ella misma, pero se mantuvo fiel a su imagen y jamás contó con ayuda de ningún estilista para las fiestas y los eventos a los que asistía.

John y Carolyn se casaron en una ceremonia clandestina y muy privada en una pequeña isla frente a la costa de Georgia en septiembre de 1996, consiguiendo escapar de la vorágine de la prensa del corazón. Los pocos asistentes declararon que fue una boda muy bonita y sencilla que los definía como personas y como pareja. Una anécdota muy ilustrativa sobre el matrimonio que formaron es que invitaron a una sirvienta que se encargaba de preparar la casa en la que iba a tener lugar en enlace. John la sentó en primera fila y ella le agradeció todo lo que la familia Kennedy había hecho por los afroamericanos.

Diana de Gales le confesó a Anna Wintour lo mucho que envidiaba la boda «secreta» de Carolyn y John. La princesa anhelaba esa discreción, pero la familia real británica nunca lo habría consentido. Estremece pensar en los paralelismos entre ambas: las dos se casaron con la «realeza» de sus respectivos países, las dos sufrieron el continuo acoso de la prensa y las dos murieron en trágicos accidentes.

El 16 de julio de 1999, mientras se dirigían a una boda, el avión ligero que pilotaba John y en el que viajaban Carolyn y su hermana Lauren, se estrelló frente a la costa de Martha's Vineyard. La maldición de los Kennedy volvía a resurgir. Entre las causas del accidente se mencionó la oscuridad y la niebla. Por desgracia, ni siquiera un hecho tan terrible frenó las especulaciones ni el acoso sobre Carolyn: se dijo que salieron tarde porque ella se entretuvo eligiendo el tono de malva para su manicura, que la pareja discutió y estaban a punto de separarse o que consumía estupefacientes.

La crueldad de la prensa no consiguió empañar la memoria de Carolyn Bessette, querida por muchos y admirada por todos como un gran icono de estilo. Tras su muerte se convirtió en un mito y las imágenes de esta joven rubia, esbelta, con estilo *cool*, sobrio y atemporal han seguido sirviendo de inspiración para marcas como The Row o Khaite, de plena actualidad. David Fincher ha reconocido también que la protagonista de *Gone Girl* está inspirada en ella.

Carolyn nos dejó una lección perdurable a través de sus looks: la moda puede ser efímera, pero el estilo, cuando es auténtico, es eterno. Así se la describió Manolo Blahnik a la periodista Kumar Nair: «La única forma que tengo de definirla es esta: eterna».

LADY DI

EL ARTE DE CONTAR HISTORIAS

«Era una pionera que actuaba por puro instinto. Por eso sus gestos siempre parecían tan auténticos, y también por eso su vida a menudo se torció».

Tina Brown

El estilo de Diana de Gales, conocida cariñosamente como Lady Di, es sinónimo de elegancia y humanidad. Cada prenda que lució, desde su debut en la escena real en el que era la encarnación de la juventud tímida, hasta sus atrevidos años de emancipación, contaba una historia. Es quizá uno de los iconos con el estilo más ecléctico. Evolucionó muy rápido, probando distintas fórmulas y adaptándose a los nuevos tiempos, pese a que muchas veces lo tenía complicado por ser quien era. Diana encontró en la moda una vía de escape, la utilizaba como una armadura que ocultaba su tristeza y le ayudaba a interpretar su papel.

Diana nació en una familia de la aristocracia británica. Era hija del conde Spencer y la vizcondesa Althorp, que vivían en Park House, la finca de Sandringham que alquilaban a la familia real, donde pasaban algunas vacaciones. El vínculo de los Spencer con la familia real venía de lejos; de hecho, la abuela de Diana había sido dama de honor de la reina y mantenían una relación muy cercana. Cuentan que cuando iban de visita al palacio de Buckingham, la pequeña Diana lloraba porque no le gustaba ir.

Sus padres se separaron cuando era niña; una experiencia traumática para ella, que se volvió muy introvertida. Se había formado en casa hasta los nueve años, que fue cuando la ingresaron en un internado de chicas. Los estudios no le interesaban demasiado y solo le apasionaban algunas disciplinas como el piano o el ballet.

La danza era un refugio para ella e incluso quiso ser bailarina, pero sus condiciones físicas se lo impidieron.

Al salir del internado se marchó a vivir a Londres, compartiendo piso con varias amigas. Primero trabajó cuidando niños y más adelante encontró un puesto de asistente en una escuela infantil. Esa es la Diana que empezó a salir con el príncipe Carlos y la que todos conocemos. Tenía diecinueve años. Se habían conocido tres años antes en una cacería; él estaba saliendo con su hermana mayor y Diana era aún muy joven. «Recuerdo pensar que era una chica muy guapa, alegre y divertida. Llena de vida», contó en la primera entrevista en televisión que hicieron juntos, mientras ella reía a su lado entre la timidez y la espontaneidad.

Se comprometieron a los meses de empezar a salir, tras muy pocas citas. Carlos ya había cumplido los treinta y sufría una enorme presión para que mantuviera una relación estable. El compromiso se formalizó por medio de un anillo con un precioso zafiro de Ceilán y catorce diamantes, valorado en sesenta mil dólares. Se trata del mismo con el que su hijo Guillermo pidió matrimonio a Kate Middleton. Una pieza que eligió la propia Diana, sacando a relucir desde el primer momento un gusto exquisito.

Los británicos adoraban a esa joven dulce, amable, educada y tímida, y la popularidad de la Casa Real aumentó exponencialmente gracias a ella. La boda despertó un gran interés, hasta el punto de que algunos se hicieron tatuajes de la pareja. El furor fue tal que la prensa empezó a perseguirla sin descanso. Aunque Diana imaginaba que su vida cambiaría, en cuestión de meses comprendió que el acoso era mucho peor de lo que esperaba. A medida que la fecha del enlace se aproximaba, se la veía más y más delgada.

El día de la boda real había miles de personas en la calle. Diana llegó en un carruaje cubierto provocando la decepción de la prensa, que no pudo tomar imágenes del trayecto. El vestido, diseñado por David y Elizabeth Emanuel, estaba realizado en tafetán con encaje francés en el corpiño e iba adornado con diez mil perlas. La cola, con más de siete metros de largo, era la más grande que se había visto. La princesa tuvo que ensayar para poder caminar con él. La elección de dos diseñadores emergentes por parte de Diana resultó muy significativa.

Tenía un escote en pico y los encajes daban mucho volumen al cuello y a las mangas. Se trataba de un look un tanto dramático y muy llamativo. Lucía, además, una preciosa corona con velo y unos pendientes que pertenecían a su madre. En cuanto al calzado, llevó unos zapatos hechos a medida con lentejuelas, perlas, encajes y la forma de un corazón. En los arcos de las suelas habían inscrito las iniciales de ambos en un hermoso gesto romántico. Decidió que fueran casi planos para no resultar más alta que su marido —tenían una estatura similar—. La misma dinámica se mantuvo durante casi todo el matrimonio ya que apenas se la vio con tacones altos hasta después de que se divorciaran.

Ese día Diana rompió con algunas tradiciones reales, como el hecho de no pronunciar la palabra «obedecer» en sus votos matrimoniales, algo que han repetido las esposas de sus hijos. Por su parte, debido quizá a los nervios, el príncipe Carlos olvidó sellar los suyos con un beso entre ambos, que se dieron después ya en el balcón del palacio de Buckingham. Empezaron a crear sus propias tradiciones.

La noticia de su embarazo es acogida con emoción y, de nuevo, Diana elige no seguir con las viejas costumbres reales dando a luz en un hospital público por primera vez en la historia de la Casa Real. Aunque su vida ha empezado a volverse muy complicada, los nacimientos de Guillermo y Enrique la llenaron de alegría. Siempre intentó que sus hijos disfrutaran de una vida «normal», aunque su posición le permitía ofrecerles experiencias excepcionales, como cuando en el decimotercer cumpleaños del príncipe Guillermo invitó al palacio de Buckingham a Claudia Schiffer, Christy Turlington y Naomi Campbell para sorprenderlo. Era el mayor momento de esplendor de las supermodelos y el vínculo de Diana con la moda era ya evidente.

Antes de convertirse en el icono que todos recordamos, tenía un estilo propio de los jóvenes pudientes de Inglaterra, conocido como *Sloane Ranger*. Este estilo comprendía prendas que ahora denominamos *preppy*: chaquetas de punto, cazadoras Barbour, faldas plisadas y elementos británicos como el tartán o las blazers de tweed. En el caso de las mujeres se añadían además toques un poco ñoños, como las blusas con volantes y cuellos grandes de reminiscencias decimonónicas. Como ya hemos mencionado en otros capítulos de este libro, los ochenta estuvieron marcados por los excesos, que cada sector de la población adaptaba a su estilo, ya fuera el punk o la tradición más arraigada. Los vestidos también se sumaban a esta tendencia de los cuellos, con largos por debajo de la rodilla, estampados de lunares y generalmente tonos pastel. En definitiva, sus looks respiraban un aura de niña buena y pija, con un aspecto virginal y conservador, que se ha vuelto a poner de moda en los últimos años.

La revista *Harpers & Queen* fue la que puso en circulación el término *sloane ranger* para referirse a los chicos de familias ricas que solían frecuentar la plaza del barrio de Chelsea: Sloane Square. Entre las características asociadas a este concepto se encontraban la timidez y las buenas conexiones. Como sus planes de fin de semana consistían casi siempre en ir al campo o a las carreras de caballos, es fácil entender el toque campestre de sus looks. Hay algunas piezas canónicas de este estilo que llevó la princesa: el comentado jersey rosa de alpaca que lució en Balmoral antes de su boda, y que compró por ocho dólares en una tienda peruana, y un jersey de lana con ovejas, que también se hizo popular y fue muy copiado.

Las jóvenes de esta «tribu urbana» solían llevar el pelo corto, poco maquillaje y pendientes de perlas. Diana constituía un ejemplo perfecto de chica «recatada» cuyo estilo se fue extendiendo por toda la sociedad. Hasta llegó a editarse un libro titulado *The Official Sloane Ranger Handbook* que decía: «Cuando en el verano de 1980 Diana Spencer hizo su aparición en los periódicos, el estilo *Sloane Ranger* entró a galope hasta las calles principales».

Nada que ver con la Diana madura que vimos años después y que vestía de una manera mucho más atrevida e incluso sensual. Confieso que es un estilo que no me gusta mucho, aunque —como en todo— depende de quién lo lleve. Lo cierto es que Diana ya le aportaba su toque especial y personal, elaborando combinaciones bastante llamativas. Uno de sus looks más famosos de esta época se compone de un chándal gris con botas de cowboy marrones, una maxi blazer y una gorra azul. Podría ser el look de cualquier moderno en la actualidad.

Diana se adelantó a la moda de incluir elementos más *sport* en los looks del día a día. Lucía estupendamente las tan difíciles mallas de ciclista que combinaba con sudaderas *oversize*. Hoy todos hemos normalizado el hecho de llevar deportivas con todo tipo de prendas y en cualquier ocasión, e incluso vestimos con looks de gimnasio, pero en aquel momento no era común y mucho menos entre las élites.

Aunque le sobraba estilo y buen gusto, como todas las *royals* necesitó de una figura para gestionar tantos estilismos diferentes. Eligió a Anna Harvey, editora de moda de *Vogue*, como esa persona de confianza que la ayudara a sacarse el mayor partido. Con el tiempo demostró que había sido una decisión muy inteligente —igual que la de María Antonieta con su diseñadora—, ya que Anna poseía los contactos esenciales en el mundo de la moda para generar todo un «séquito» de diseñadores que casaran con el gusto de la princesa y crearan sus mejores looks para ella. Además, debido a su trabajo en la revista, estaba más que acostumbrada a generar imágenes y pensar más allá de los invitados a un evento. Anna era capaz de proyectar cómo funcionarían sus elecciones en las fotografías que se publicasen después y eso tenía un gran valor. En cierto modo, la reina Letizia ha seguido sus pasos contratando como asesora de imagen a una estilista de una revista. Ser consciente de que existe un mundo fuera de las paredes de palacio es la mejor forma de conectar con lo que sucede en la calle y construir una imagen más moderna para una institución tan antigua como la monarquía.

«Conocí a Diana una mañana en el despacho de Beatrix Miller, entonces directora de *Vogue*, donde yo trabajaba como editora de moda. Diana estaba allí sentada, en compañía de su madre. La habíamos fotografiado para un reportaje sobre las chicas de la alta sociedad, y el compromiso real se anunció el mismo día en que el reportaje salió publicado. Madre e hija me explicaron que andaban buscando unos zapatos a juego con un vestido de noche; Diana sacó del bolso un retal de seda color albaricoque para que me hiciera una idea. En ese momento empezó nuestra relación laboral. Fui corriendo a la tienda de Manolo Blahnik y, sin saber que estaba haciendo historia de la moda, el español le confeccionó unos zapatos a juego con el vestido. A partir de entonces, Diana y yo trabajamos juntas durante dieciséis años», contó la estilista en un artículo que escribió para la publicación. Desde ese momento que relata, Anna visitó a Diana siempre que tenía un viaje o un acto importante, le llevaba ideas y pasaban varias horas probando y comentando.

Anna convirtió a la princesa en la mejor embajadora de la moda británica en el mundo. Le presentó a diseñadores con los que establecería una larga colaboración y también una estrecha amistad, como Catherine Walker, Bruce Oldfield, David Sassoon, Elizabeth y David Emanuel o, más tarde, Gianni Versace. Todos ellos contribuyeron a la conversión de Diana en un icono.

La princesa causaba furor allá donde iba. En su primer viaje de casados a Australia las masas se agolpaban y vitoreaban su nombre. Para alguien como el príncipe Carlos, acostumbrado a ser el centro de todo, no resultó sencillo quedar relegado a un segundo plano, aunque intentó bromear en sus declaraciones: «He llegado a la conclusión de que hubiera sido más fácil tener dos esposas, así cubro cada lado de la calle y puedo pasar por el centro llevando la voz cantante».

En el repaso que hizo Harvey de aquellos años, reconoce tanto aciertos como errores. Entre estos últimos, destaca que a veces la equivocación residía en aparecer demasiado guapa. Una de aquellas ocasiones tuvo lugar en Australia, donde lució un espectacular vestido blanco de pedrería de una sola manga, obra del diseñador japonés Hachi. Esa imagen —que hoy podría encajar con la de una gala— no se entendió entonces, pero son las consecuencias de adelantarse a su tiempo. No obstante, aquel vestido se convirtió en uno de sus favoritos y volvió a ponérselo en dos ocasiones más. Finalmente fue subastado por sesenta mil dólares unos meses antes de su muerte.

En esa década de excesos que fueron los años ochenta, Diana y Anna se sumaron a las hombreras que ahora nos parecen demasiado, aunque ellas conseguían siempre mostrar ese aire sofisticado que una princesa necesitaba. Trajes de chaqueta muy bien confeccionados, colores pastel que aportaban dulzura y un gran uso de los sombreros que le daban mucha personalidad. Allá donde iba, era el centro de atención y conectaba con el público que ya la consideraba un referente de estilo y belleza.

A medida que iba ganando confianza en su imagen, sus looks ganaban en atrevimiento, hasta donde el protocolo real lo permitía. Y según iba madurando como mujer sus estilismos fueron perdiendo el aire naif de la primera etapa. El impresionante vestido de terciopelo azul noche que llevó en la famosa cena en la que bailó con John Travolta en la Casa Blanca es un buen ejemplo de esa transformación. Ese día quería estar radiante y encargó al diseñador Edelstein que le confeccionara ese elegante diseño en uno de sus colores favoritos. Diana ya había comprendido que su ropa podía decir mucho sobre ella y sabía que aquellas imágenes con los Bee Gees y con Travolta pasarían a la historia. Dicen que la primera vez que se probó el vestido se encontró tan espectacular que pidió que avisaran a su marido para que él la viera.

La relación entre ellos se deterioró poco a poco y en las imágenes de aquellos años podemos ver cómo Carlos y Diana posan cada vez más distanciados. Ella parecía siempre triste y, aunque intentaba mantener la compostura, el acoso de la prensa no hizo más que empeorar las cosas. Todo el país estaba al tanto de los rumores de las infidelidades de Carlos, de las especulaciones sobre la salud de Diana y de las posibles causas de su infelicidad. La prensa amarilla sobrepasó todos los límites y la situación se tensó hasta romperse.

Los príncipes tomaron la decisión de separarse en 1992. Diana volvía a ser una mujer soltera. Con la nueva década su imagen cambió, en parte por la evolución en las tendencias y en parte porque se sintió libre para abandonar el protocolo y los estilismos recatados. Encontramos a una mujer más sexy tanto en eventos como en galas, que se sube a tacones más altos, acorta la longitud de sus faldas, profundiza sus escotes y brilla vestida de negro, que ha dejado de ser el color del luto.

Si hay un vestido que destaca entre todos los que llevó Diana es el que ha pasado a la historia como *revenge dress* o «vestido de la venganza», que lució en una gala de *Vanity Fair*. El príncipe Carlos acababa de confesar en una entrevista que había sido infiel durante su matrimonio con Camilla Parker Bowles. Diana, consciente de que iba a estar en el punto de mira después de esas declaraciones, apostó por dar la cara y hacerlo más radiante que nunca. Se enfundó en un *little black dress* ceñido con un corpiño, mucho más corto de lo habitual y con unos tacones altísimos que alargaban sus piernas hasta el infinito. Completó el look con una de las joyas más especiales que poseía y que reservaba para ocasiones señaladas como la noche del baile con John Travolta: una gargantilla con varias hileras de perlas que confluían en un zafiro colosal, regalo de la reina madre. Usar una joya de la reina tras el divorcio era toda una declaración de intenciones.

Además de este estilismo icónico, hay que destacar en esta época otros de inspiración más *casual* que fueron muy imitados. Diana fascinaba vestida de alta costura, pero lucía como nadie los vaqueros combinados con camisas masculinas y *loafers*, así como los looks que usaba para jugar al tenis o ir al gimnasio.

Hay decenas de imágenes emblemáticas de estos años y que se pueden rastrear en la serie *The Crown*, donde el trabajo de vestuario está muy logrado. Pienso, por ejemplo, en sus vacaciones a bordo del yate de Dodi Al-Fayed, donde luce trajes de baño maravillosos con toques de leopardo y sus gafas de sol de Versace. Aquellas fotos robadas por los *paparazzi* dispararon las ventas de los bañadores Gottex. Fenómeno que se repitió, curiosamente, con la emisión de la serie dos décadas después. Y es que Diana nunca pasa de moda.

Sidonie Roberts, diseñadora de vestuario de *The Crown*, explica: «Se sentía cómoda en múltiples versiones de sí misma. Creo que eso es algo que también es común hoy en día: no querer ser una versión única de mujer. Quieres serlo todo. Definitivamente había un poder en esa facilidad». Creo que esta afirmación señala una de las claves de la trascendencia de Diana: saber reinventarse y experimentar, algo que resultó inspirador para mujeres muy diferentes a ella y que enlaza directamente con las generaciones más modernas que se niegan a ceñirse a un papel.

Diana también influyó a través del peinado, donde pudimos leer las señales de su empoderamiento. En una entrevista le preguntaron por el momento en que pasó de «víctima a vencedora», a lo que ella contestó: «Supongo que el verano pasado, cuando Sam me cortó el pelo de manera diferente». Se dice que los cortes de pelo atraen los cambios, y en su caso no deja de ser cierto, ya que estaba a punto de divorciarse. Como detalle anecdótico, tras su ruptura los divorcios aumentaron exponencialmente en su país… Quizá su influencia era incluso mayor de lo que imaginamos.

Diana conquistó su derecho a romper todas las reglas que la habían ahogado hasta entonces y eso se trasladó de una manera muy evidente a su forma de vestir. Contó con diseñadores como Gianni Versace, todo un referente en los años noventa, que creó para ella una nueva imagen sofisticada, pero actual y potente. Adoptó colores mucho más vibrantes y nuevas siluetas en las que podemos intuir a una mujer mucho más segura de sí misma. La prenda estrella del diseñador italiano, los vestidos de tirantes y por encima de la rodilla, le sentaban como un guante. Y aquella chica a la que la prensa había apodado «Shy Di» por su timidez renació como una mujer fuerte y empoderada.

Uno de mis looks favoritos de Diana es el que escogió para la gala MET de 1996. Se trata de un vestido tipo lencero de Galliano para Dior, en tono azul noche combinado de nuevo con su espectacular gargantilla de zafiro. Según ha confesado Galliano, el diseño original llevaba un corsé que marcaba la silueta y se sorprendió al ver por la televisión que en el último momento decidió no ponérselo, haciendo que la tela fluyera de una manera más natural y, sobre todo, mucho más sensual. Una vez más, su elección estaba repleta de mensajes: me gusta esa mezcla entre sencillez y sensualidad y también el hecho de que en la noche más importante del año para el sector apostara por el nuevo talento británico del mundo de la moda. Lady Di fue la primera clienta de la alta costura de Dior y la que convirtió a Galliano en el genio de la moda que es hoy en día. Su aparición en esta gala es digna de una visionaria:

por el look, por el diseñador que lo creó y por darle una nueva dimensión a la gala MET, a la que hasta ese momento no asistían personalidades como ella. Un año después, todos los actores y *celebrities* deseaban ir.

Diana cuenta con el honor de haber rebautizado no un bolso sino dos. El primero de ellos fue un modelo de Dior, un pequeño bolso de mano con asas y tejido acolchado y que internamente se conocía como «chouchou». Lo estrenó en una exposición de Cézanne en París y ya no lo soltó, por lo que la firma francesa decidió renombrarlo como Lady Dior. Pero también Gucci —que ya le había dedicado un bolso a su admirada Jackie Kennedy— cambió el nombre de su modelo 0633 por el de Gucci Diana en honor a la princesa. En este caso se trataba de un bolso amplio y cuadrado con las asas de bambú tan características de la firma italiana. Es un bolso absolutamente icónico que sigue reeditándose en la actualidad, ya que se ha convertido en uno de los favoritos de la generación Z.

Y es que Diana, casi treinta años después de su muerte, sigue viva entre las jóvenes generaciones. Hailey Bieber, una de las *it girls* actuales, recreó la imagen de Diana y sus estilismos para un editorial de la revista *Vogue* en 2019. La última de las cuatro veces en las que Diana ocupó la portada de la revista fue precisamente el año de su fallecimiento, retratada por Patrick Demarchelier con un imponente vestido rojo.

Pese a que Diana era consciente de su influencia y de su estatus de icono, siempre intentó desviar la atención que generaba hacia las causas filantrópicas que apoyó durante toda su vida. En una ocasión declaró: «No me llames icono, solo soy una madre intentando ayudar». Llevó todas esas cámaras que la perseguían allá donde fuera a lugares como Bosnia, donde luchaba por la erradicación de las minas antipersona, en una campaña que obtuvo el Premio Nobel de la Paz. Y también hizo que los focos apuntaran a personalidades comprometidas con diversas causas como Nelson Mandela, Teresa de Calcula y el Dalái Lama, o sobre cuestiones candentes como el sida, saltándose cualquier tipo de protocolo y abrazándose a los enfermos para visibilizar su problema.

Recuerdo perfectamente dónde me encontraba el 31 de agosto de 1997, cuando me enteré del fallecimiento de Lady Di. Es casi seguro que la mayoría se acordará porque la noticia sobrecogió a todo el mundo. Diana y Dodi Al-Fayed sufrieron un terrible accidente en París, mientras trataban de huir de los *paparazzi* que la acosaron durante toda su vida. Durante un breve lapso de tiempo se impuso la reflexión sobre este tipo de prácticas que, por desgracia, hoy siguen siendo excesivas.

Su amiga y biógrafa Tina Brown escribió en *Vanity Fair*: «¿Quién habría sido Diana a los sesenta? Creo que lo habría conseguido todo. Era una comunicadora obsesiva: los números de su cuenta de Instagram habrían rivalizado con los del papa. El mundo se ha movido decisivamente en su dirección desde que murió. Todo lo que dijo entonces sobre la necesidad de modernización de la familia real se ha visto reforzado después de Meghan. Todo lo que dijo sobre la necesidad de promover una mayor empatía y capacidad de respuesta es hoy un valor social definitorio».

El estilo de Diana no iba solo de moda; era narrativa, protesta y reconciliación. Su evolución marcó un cambio en la percepción de lo que significa ser una mujer en el ojo público. A través de sus elecciones desafió las normas reales, abrazó su humanidad y se convirtió en un icono eterno de gracia y autenticidad.

KATE MOSS
LA *IT GIRL* ETERNA

«Lo que hace a Kate especial es que siempre ha sido fiel a sí misma. No importa lo que lleve puesto, todo se convierte en estilo Kate Moss porque ella no se adapta; la moda se adapta a ella».

Tom Ford

Kate Moss es uno de los iconos de estilo más influyentes de las últimas décadas, y su impacto es enorme tanto dentro como fuera de la pasarela. Con un enfoque que mezcla lo rebelde y lo sofisticado, revolucionó la industria de la moda desde que apareció en ella de manera casual en los años noventa. Son muchas las modelos que han llegado a ser estrellas muy admiradas: Naomi Campbell, Linda Evangelista o Claudia Schiffer sin ir más lejos, pero su estilo personal no fue tan trascendente ni significativo. Sin embargo, todos reconocemos el «look Kate Moss», y eso es lo que marca la diferencia.

Su imagen destaca por su autenticidad y por desafiar las convenciones de belleza y moda establecidas. Ella es el arte del contraste, y ha sabido mantenerse vigente a través de los años, siendo el icono de estilo más influyente de principios del siglo XXI. Un vestido *vintage* puede parecer en ella tan lujoso como un diseño de alta costura, y una camiseta blanca combinada con vaqueros desgastados convertirse en algo icónico. Su estilo de vida se filtra en su forma de vestir, y ahí reside su magnetismo.

Katherine Ann Moss nació en 1974 en Croydon, un suburbio obrero de Londres, en una familia de lo más común. A los catorce años, cuando su vida parecía abocada a ser una más entre los millones de personas que habitan la periferia de las grandes ciudades, fue descubierta en el aeropuerto JFK de Nueva York por Sarah

Doukas, fundadora de la agencia Storm Model Management. Kate jamás se había planteado ser modelo ya que consideraba que no encajaba con el canon acostumbrado: se veía bajita, con las piernas arqueadas, tenía los dientes torcidos y, como ha declarado en numerosas entrevistas, nadie pensaba que fuera la niña más guapa de la escuela.

Pero el talento de los agentes de modelos consiste en saber ver la belleza y la fotogenia donde otros no las ven y, sobre todo, en adelantarse al espíritu de lo que está por venir. La historia es casi literaria: la joven Moss, con su delgadez y sus grandes ojos inexpresivos, parecía encarnar la angustia y la simplicidad de una nueva década, la que marcaría el fin de la era dorada de las supermodelos de los ochenta. La industria llevaba años dominada por figuras tan imponentes como Cindy Crawford y Naomi Campbell, supermodelos que habían alcanzado un nivel de fama inédito para el mundo de la moda, con un estatus equivalente al de estrellas del rock. Kate Moss no era alta ni voluptuosa, no tenía curvas ni la maravillosa sonrisa de sus predecesoras. Su aspecto andrógino, su fragilidad y sus ojos que parecían observar el mundo desde algún rincón secreto sentaron las bases de una nueva estética: el *heroin chic*.

Este estilo, cuyo nombre no puede ser más desafortunado y, al mismo tiempo, más reconocible, ha sido criticado con toda lógica por el aspecto enfermizo que ensalzaba. Pese a todo lo anterior, la realidad es que rompió moldes. Kate, sin buscarlo, dio voz a una generación que veía en la perfección clásica algo limitante y pasado de moda. Con su belleza distante y algo diferente, representaba una suerte de poesía de la imperfección, un ideal de belleza no idealizado. Pero, como es habitual en todo lo que tiene que ver con la moda y las tendencias, esa libertad inicial abierta por un canon novedoso puede acabar revelándose como algo igual de opresivo y dañino que el modelo que quiso desbancar. Y es que Kate no tuvo que hacer nada para lucir así, triunfó con su imagen al natural, su constitución y su belleza eran esas, pero cuando alcanzó el olimpo de las modelos hubo chicas con bellezas diferentes a la suya que quisieron parecerse a ella, y aquí es donde empezamos a pisar terreno peligroso.

Moss debutó en la Semana de la Moda de Londres con tan solo quince años de la mano de John Galliano, la nueva joven promesa del diseño británico que se convertiría en su gran amigo. La llevó también a París, abriéndole así las puertas de una nueva generación de diseñadores como Alexander McQueen o Gaultier, a los que representaba a la perfección.

Uno de sus primeros trabajos editoriales fue una sesión con la fotógrafa Corinne Day para la revista *The Face*. Esta sesión de fotos, titulada «The 3rd Summer of Love», capturó a una joven Moss en un ambiente natural y despreocupado, en la playa, luciendo muy poco maquillaje y en poses espontáneas, nada que ver con los editoriales de moda del momento. Estas imágenes, hoy ya históricas, marcaron el comienzo de una estética *grunge* en la moda, donde Moss personificaba la frescura y el estilo desenfadado. La colaboración con Day ayudó a lanzar su carrera y a posicionarla como una modelo diferente, que encarnaba un estilo más auténtico y accesible. Objetivamente, me parecen unas imágenes puras y maravillosas. Sin embargo, el hecho de que posara en *topless* a la edad de quince años es destacable y algo que ahora mismo resultaría impensable.

Su asalto a la fama global y la conquista de «la calle» se produjo gracias a una campaña publicitaria de Calvin Klein que protagonizó junto a Mark Wahlberg y que estuvo presente en todas las grandes ciudades del mundo. Ambos posan en vaqueros y sin pretensiones, señalando el inicio de una nueva era en la que el minimalismo y la desolación se imponen como nuevas formas de belleza. Fue una campaña controvertida que convirtió a Moss en una supermodelo y definió el minimalismo y el estilo andrógino de finales de los años noventa. Años después Moss confesó que se sintió muy incómoda aquel día trabajando con Wahlberg, a quien consideraba «abrumador» y «grosero».

Poco después repitió con otra campaña global de Calvin Klein, en este caso para la fragancia Obsession. Esta vez las fotografías las tomó quien era su pareja entonces: Mario Sorrenti. Sus instantáneas transmitían una atmósfera íntima y natural, mostrando a Moss en una serie de imágenes que resultaban sensuales y de aspecto espontáneo a la vez. La campaña capturó la vulnerabilidad y el misterio de la moda, y fue otra manifestación del minimalismo crudo que ella representaba. Estas fotos ayudaron a definir el estilo visual de Calvin Klein y sellaron para siempre la relación de Moss con la marca, en una colaboración que durará varios años y que hará que en nuestra mente perduren para siempre como inseparables.

Tras los desfiles y las campañas publicitarias llegaron las portadas de revistas de moda. Empezó a trabajar con los grandes fotógrafos del momento como Peter Lindbergh o Mario Testino. Este último publicó en 2010 un libro titulado *Kate Moss by Mario Testino* en el que recoge las fotografías que le hizo durante casi dos décadas. Testino solo dice cosas buenas sobre ella: «Kate tiene una calidad que no se puede describir. Cuando la cámara está ante ella, transforma todo en arte, en una forma de ver la vida. Es completamente única. Para mí, Kate no es solo una modelo, es un icono. Trabajar con ella siempre es inspirador porque logra elevar cada imagen, cada concepto, a otro nivel».

Kate pasó a ser más que una supermodelo, era famosa. Lo más importante no era su trabajo sino adónde iba, con quién salía y qué se ponía. Su misteriosa personalidad despertaba mucho interés y su estilo personal captó la atención de los medios y del público desde el inicio de su carrera. A principios de los dos mil se convirtió en el icono de estilo más aclamado de la década. Su amiga Naomi Campbell siempre ha reconocido que ella era diferente: «Kate tiene una forma de vestir que nadie puede copiar. Es absolutamente auténtica, y eso es lo que la convierte en un verdadero icono».

Si hacemos un repaso a sus looks, podemos observar cómo, a lo largo de su carrera, Kate Moss ha sabido adaptarse a distintas etapas de la moda sin perder su esencia: desde el minimalismo de los años noventa, pasando por el *boho chic* y el *grunge* de los dos mil, hasta el estilo glamuroso y maduro de hoy. Esta versatilidad le permite fluir con las corrientes en tendencia y, al mismo tiempo, imponer sus propias reglas. Su estilo evoluciona, pero siempre mantiene su esencia relajada e irreverente, lo cual es clave en un icono.

Uno de sus primeros looks icónicos fue el que llevó en 1993 a la fiesta de la agencia Elite en Londres: un vestido de malla metálica completamente transparente, sin sujetador y combinado con maquillaje natural y el cabello suelto, que es todo un ejemplo de sencillez y osadía. Moss confesó más tarde que no fue consciente de la transparencia del vestido hasta que vio las fotos. Aquellas imágenes se cuentan entre las más memorables de su carrera y auparon a su protagonista a la categoría de rebelde de la moda.

Su estilo del día a día en esta época —y que se mantiene en el presente— se compone sobre todo de camisetas blancas, vaqueros ajustados, blazers clásicos y chaquetas de cuero; una imagen simple y práctica que se ha vuelto atemporal. Uno de los sellos distintivos de su estilo es precisamente esa capacidad de hacer que prendas básicas parezcan sofisticadas. Este minimalismo radical contrastaba con las modas coloridas y sobrecargadas de épocas anteriores y contribuyó a popularizar el aspecto desenfadado, cómodo y chic. Desde mi punto de vista, no hay mayor prueba de estilo que lograr que la gente lo perciba vistiendo tan solo unos vaqueros y una camiseta; y si alguien hace bien eso, no es otra que Kate Moss. La actitud y la confianza son tan importantes en ella como la ropa, y su imagen transmite la idea de que el verdadero estilo no se trata de lo que llevas, sino de cómo lo llevas.

No obstante, Kate superponía a este estilo minimalista su toque personal, que se inclinaba hacia lo rockero: chaquetas de cuero, botas moteras, minivestidos, camisas de cuadros o detalles metálicos. Es algo connatural a ella, ya que siempre ha estado vinculada al mundo de la música: en su forma de vestir, en sus aficiones y también en el amor, ya que ha sido pareja de músicos como Pete Doherty. Este aspecto es el que más conecta su estilo con sus raíces, pues los jóvenes londinenses siempre han vivido ligados a la música y los movimientos contraculturales. Este aire rockero y despreocupado se volvió una gran influencia en la moda y fue adoptado por muchas personas que admiraban su autenticidad y su habilidad para mezclar prendas de alta costura con piezas de estilo callejero.

Otra de las prendas que ha usado muchísimo a lo largo de los años es el abrigo con estampado de leopardo combinándolo con todo, desde minivestidos hasta pantalones vaqueros. De nuevo, se trata de un look que reivindica su lado más salvaje y que ha salido del nicho de la moda urbana para convertir el *animal print* en un fondo de armario. En el presente seguimos viendo cómo Kate combina el abrigo rockero con vestidos sofisticados.

Su habilidad para mezclar piezas *casual* y de lujo es legendaria, y demuestra su versatilidad y su autenticidad. Moss ha lucido igual de bien chaquetas retro de mercadillo como las de estética militar de Balmain que tan populares fueron en décadas anteriores, y ha combinado en diversas ocasiones los pantalones de cuero con chaquetas de este estilo. Esa fusión entre el glam rock y lo utilitario es otra fuente de inspiración clave.

En los años dos mil, en pleno apogeo de su fama, Kate Moss ayudó a popularizar el estilo bohemio y *vintage*, inspirado en los sesenta y setenta. Usaba vestidos de gasa, flecos, sombreros y botas, mezclando piezas antiguas con elementos modernos, lo que terminó de convertirla en todo un icono. Se inspiraba para ello en la que ha reconocido que es su gran referente: Anita Pallenberg, pareja de Keith Richards y casi un miembro más de los Rolling Stones. Quizá su relación directa con el mundo de la música es lo que llevó a Kate Moss a identificarse con ella. Lo cierto es que los looks de Anita en los setenta son todo un ejercicio de estilo: pantalones de ante, maxicinturones, minifaldas con jerséis de cuello vuelto y esa personalidad de estrella del rock con un aire desenfadado que ponía el resto. Richards ha declarado en varias ocasiones que en algún momento él mismo fue considerado un icono de estilo y se debía únicamente a que llevaba la ropa de Anita.

Ambas mujeres comparten aspectos de su vida. Además de la fama y la música, las dos sufrieron problemas de adicción, cuestiones que imagino que fortalecieron esa relación de influencia sobre Kate. En el documental *Anita Pallenberg: musa de los Rolling* aparece la propia Moss diciendo: «Anita tenía mucho estilo, yo sigo intentando recrearlo».

Todos aquellos jóvenes que no vivieron los setenta, y que quizá no conocieron a Pallenberg, bebieron de su inspiración a través de Kate, llevando ese estilo bohemio desenfadado a lo más alto del mundo de la moda y a las calles de las principales ciudades, rebuscando en las tiendas de segunda mano para encontrar las prendas más auténticas y especiales.

Cuando las marcas vieron que Moss era el referente indiscutible de esa generación, decidieron ir más allá y no contratarla solo como modelo. La británica Topshop le propuso en 2007 lanzar una colección, diseñada por ella, inspirada en su estilo y en las prendas de su armario. A través de su relación con la marca, que duró varios años, muchas personas pudieron vestir sus looks a precios muy razonables, consolidando mundialmente este estilo bohemio y *vintage* que reinó durante varios años en las tendencias globales.

Durante la primera década de los dos mil se produjo un resurgir de los festivales de música y Kate Moss sentó las bases de los «looks festivaleros» que siguen vigentes a día de hoy. En el festival de Glastonbury de 2005 llevó otro de sus looks más icónicos: vestido corto, chaqueta de cuero negra y botas de lluvia Hunter. Esta combinación marcó tendencia y convirtió algo tan propio del clima británico como las botas de lluvia en una prenda de moda.

Por descontado, su imagen desenfadada en cuanto a pelo y maquillaje también ha sido muy influyente. Su cabello fino y lacio no permite muchas innovaciones y Kate ha admitido más de una vez que ni se preocupa por peinarse. Apenas se maquilla tampoco, ni siquiera en las grandes ocasiones: piel lavada, ojos negros para los looks más rockeros, y un labio rojo a veces. Su estilo visual, despojado de adornos y de maquillaje excesivo, resaltaba su belleza cruda, y esta imagen más natural influyó en la forma en que las mujeres y los diseñadores concibieron la belleza durante estos años.

Se casó con Jamie Hince en 2011, y Moss eligió para su boda un vestido de estilo *vintage* diseñado por John Galliano para Dior inspirado en los años veinte, con detalles de pedrería y un toque etéreo. Este look nupcial fue una mezcla de glamour y sencillez que sin duda redefinió las tendencias —hasta hoy— para aquellas novias que buscan un estilo *vintage* pero minimalista. Su mensaje fue más allá de lo estético, ya que al vestir un modelo de Galliano estaba reivindicando el trabajo de su gran amigo, que en ese momento se encontraba cuestionado por la difusión de un polémico vídeo. Kate fue una de las pocas personas que se mantuvo a su lado a pesar de todo, quizá porque ambos han vivido momentos personales muy complicados y han sabido conservar su amistad a lo largo de los años.

Kate también se ha enfrentado a graves polémicas que han puesto su carrera en la cuerda floja. El *Daily Mirror* publicó en 2005 unas fotografías en las que se la veía consumiendo cocaína. Muchas marcas —H&M, Chanel o Burberry entre otras— decidieron romper sus contratos con ella. Amigos como Galliano y Alexander McQueen la apoyaron públicamente y sin reservas. De hecho, McQueen mostró en un desfile de 2006 un holograma de Moss con un vestido etéreo, como un tributo a su musa y amiga. La imagen de Kate flotando en el aire fue una de las más emotivas y artísticas que se recuerdan en un desfile. En 2018 Burberry celebró su historia con una colección especial e incluyó en uno de los momentos más destacados un holograma de Kate Moss caminando en la pasarela como clara reminiscencia al tributo de Alexander McQueen. Este homenaje evidenciaba que Moss es fundamental para la historia de la moda británica y merece ser admirada y respetada por ello.

Mucho más que una modelo, Kate es musa para diseñadores y artistas; una criatura inspiradora para ambos mundos, el del arte y el de la moda. McQueen vio en ella la imagen de la mujer fuerte pero atormentada que él buscaba plasmar en sus creaciones. Como también ha sido un referente de fotógrafos, pintores y cineastas. La fascinación de Warhol y su círculo por las *it girls* del arte encontró en Moss una nueva versión contemporánea. Sus apariciones en Studio 54 junto a Johnny Depp (que fue su pareja) y su vida nocturna llena de excesos la convirtieron en la protagonista de una novela urbana, a medio camino entre la belleza y la decadencia. Lucian Freud, una de las figuras más relevantes de la pintura de las últimas décadas, la retrató desnuda y embarazada de su hija en un cuadro que fue subastado por casi cuatro millones de libras.

A diferencia de la carrera de McQueen, que terminó de forma trágica, o la de Galliano, que estuvo muchos años sin trabajar, Moss resurgió de sus cenizas con rapidez y volvió a firmar contratos con muchas marcas, demostrando su capacidad de resiliencia y su estatus de icono indestructible. En otras ocasiones ha sido fotografiada en discotecas y bares en estado de embriaguez, pero en cierto modo estos episodios fortalecían su imagen de «chica mala» y acabaron convirtiéndola en una especie de leyenda rebelde en la moda. El propio McQueen se refiere a ella como alguien que siempre vuelve y reaparece incluso más fuerte, no importa lo que pase, «es, en todos los sentidos, el epítome de lo que significa ser un icono».

En la actualidad no solo sigue ejerciendo de imagen para grandes marcas, sino que ha montado su propia agencia de modelos en la que se encuentra su hija Lila Grace, que ha decidido seguir los pasos de su madre. Además, Kate es conocida por evitar las redes sociales, algo inusual entre las *celebrities*. Mientras muchas modelos y figuras públicas usan Instagram y otras plataformas para compartir su vida, ella ha mantenido un perfil bajo y ha declarado que prefiere no involucrarse demasiado en las redes sociales. Esta actitud ha sido constante en su carrera, que se ha caracterizado por separar la faceta pública de la privada. Algo muy destacable en esta era de la sobreexposición en que vivimos y en la que ella ha logrado mantener su imagen misteriosa e intocable.

Es la mujer que puede pasar de un concierto a una gala sin perder una gota de su esencia. Kate Moss es un icono de estilo por su capacidad de redefinir la moda de una manera única, auténtica y atemporal. Su estilo no se basa en seguir tendencias, sino en crearlas, y su imagen está intrínsecamente ligada a su actitud y a su personalidad enigmática, que han cautivado al mundo de la moda durante décadas.

Como una heroína literaria, Kate Moss ha vivido al borde del precipicio y ha vuelto de él con una elegancia y una resistencia que solo poseen los mitos. Su historia sigue siendo contada y reinterpretada, pero Kate permanece inmutable, una musa moderna, una leyenda viva, alguien que ha sobrevivido a las sombras de la fama y ha salido de ellas con más fuerza, dejando una huella indeleble en el universo de la moda.

ALEXA CHUNG
AUTENTICIDAD MILLENNIAL

«Alexa es un icono, pero no un icono fabricado. Su estilo surge de su personalidad: es inteligente, divertida y sabe cómo mezclar lo viejo y lo nuevo sin esfuerzo».

Paul Smith

Alexa Chung, la *it girl* por excelencia, encarna la quintaesencia del estilo contemporáneo con una mezcla de encanto británico, sofisticación relajada y un toque desenfadado. Si bien el resto de las mujeres seleccionadas en este libro llegaron a ese estatus de icono a través de su profesión o su posición en la sociedad, Alexa es el primer caso de figura mundialmente conocida simplemente como referente de estilo. Y eso, en mi opinión, lejos de restarle valor supone un gran mérito, porque convertirse en el gran icono de la generación *millennial* sin otra carta de presentación que unas cuantas fotografías en internet es algo inaudito.

Alexa es el primer icono de estilo que surgió de internet, ¿acaso hay algo más democrático? Es cierto que en Inglaterra era relativamente conocida porque había hecho sus pinitos en televisión y como modelo, pero su fama a nivel global llegó gracias a las fotografías que podían encontrarse de ella en los primeros blogs allá por 2007. Sus fotos en festivales, saliendo de fiesta o posando en las calles londinenses nos volvían locas a todas las amantes de la moda que buceábamos en internet en busca de inspiración. «¿Quién es esta chica?», recuerdo que pensé la primera vez que la vi. Me parecía especial y magnética.

Su estética redefinió la moda para una generación que buscaba autenticidad. Sin quererlo, desarrolló un estilo que parecía casi accidental en su perfección. Se construía como un rompecabezas de referencias culturales: una camisa masculina aquí, un vestido estilo Jane Birkin allá, todo salpicado con botas gastadas y una actitud que decía con orgullo: «Esto es lo que soy». Esta combinación llamó la atención primero de las jóvenes y luego de la industria de la moda, convirtiendo a Alexa Chung en una de las primeras *it girls*, un término que ella misma considera divertido y algo desconcertante.

Alexa Chung nació el 5 de noviembre de 1983 en Privett, un pequeño pueblo del condado de Hampshire, Inglaterra. Hija de un diseñador gráfico de origen oriental y un ama de casa inglesa, su vida temprana estuvo marcada por la tranquilidad de la campiña que tanta inspiración ha aportado a su estética. El contraste entre los verdes paisajes de Hampshire y los ecos del mundo urbano que la llamaba desde lejos formó parte de una infancia en la que Alexa creció explorando la literatura, la música y el arte, y construyendo una sensibilidad única que más tarde definiría su estilo.

El Peter Symonds College en Winchester le ofreció una educación sólida, pero siempre sintió una inclinación irresistible por el mundo creativo. Una vez contó que de niña «prefería escribir historias y observar a la gente» antes que preocuparse por fórmulas matemáticas. Según la revista *Vogue* USA, creció entre ponis y tratando de decidir si estudiaba literatura o arte en la universidad.

Un cazatalentos la descubrió a los quince años y poco después se encontró viajando a Londres para realizar sesiones de fotos. Modeló puntualmente para revistas juveniles como *Elle Girl* y para marcas comerciales, pero Alexa no se sentía cómoda en ese mundo. Explicó más tarde que, aunque sabía que ese contacto con la moda le abría puertas, también hacía que se cuestionara su identidad. Decidió entonces explorar otros caminos y trabajó en televisión presentando programas como *Popworld* y *T4*. Su humor afilado y su carisma natural la convirtieron en un rostro relativamente conocido entre los jóvenes del Reino Unido. Más allá de su facilidad para desenvolverse frente a las cámaras, Alexa lograba transmitir una espontaneidad y una frescura muy en consonancia con una generación que buscaba autenticidad en medio de los brillos artificiales de la fama.

Las fotografías de Alexa y sus looks empezaron a invadir los blogs de los amantes de la moda. Pero lo que la distinguía no era solo su estética impecable, sino su personalidad: en ellas mostraba a una mujer que podía reírse de sí misma, que hablaba con franqueza y que no se tomaba demasiado en serio. En un mundo obsesionado con la perfección, ella aparecía refrescante y accesible de un modo que traspasaba la pantalla y que, de alguna manera, podía percibirse en una simple fotografía.

Diseñadores y marcas no tardaron en darse cuenta de su poder de fascinación y comenzaron a invitarla a desfiles y campañas. Chanel, Mulberry, Stella McCartney y Longchamp fueron solo algunas de las casas que la adoptaron como hilo conductor con las nuevas generaciones. Como declaró la diseñadora y fotógrafa Alexa Lixfeld en una entrevista en 2010: «Su influencia es profunda porque no se basa en las tendencias. Alexa representa lo que muchas mujeres quieren: autenticidad, frescura y un toque de irreverencia».

Alexa Chung ha hecho del estilo algo más que una declaración visual: un lenguaje. Su armario, lleno de piezas clásicas reinventadas, transmite un mensaje claro y poderoso sobre la feminidad moderna. Es una mujer que lleva un vestido de encaje con botas desgastadas sin perder un ápice de elegancia; una figura capaz de combinar lo inesperado y hacerlo parecer orgánico. Es por eso que su influencia trasciende lo efímero de las tendencias y con los años ha logrado mantenerse relevante e inspiradora. Mientras otros perfiles se dejan arrastrar por la vorágine del consumismo, Chung ha adoptado una filosofía de estilo sostenible, basada en la reinvención y la perdurabilidad. Su fascinación por los tejidos atemporales, los cortes impecables y las piezas de segunda mano refleja no solo buen gusto, sino una conciencia aguda del impacto de la moda en el mundo.

Otro de los aspectos más cautivadores de Alexa Chung es su habilidad para jugar con la dualidad. En sus looks confluyen elementos masculinos y femeninos: trajes andróginos que recuerdan la sofisticación de Diane Keaton en *Annie Hall*, junto con vestidos florales que evocan la fragilidad romántica de Jane Birkin. Todo ello salpicado de una buena dosis de actitud *grunge*, un guiño a su amor por la música y la cultura alternativa. En su libro *It* —el nombre no podría ser más relevador— habla sobre estos referentes de estilo y también sobre muchos otros: el personaje literario *Lolita*; el cinematográfico de Margot en *Los Tenenbaums*, la estética de grupos como los Smiths o The Cure y, por supuesto, su compatriota Kate Moss. De ella dice que «cualquier cosa que se ponga cerca de su cuerpo se transforma instantáneamente en la cosa más genial de la historia, porque ella es la cosa más genial de la historia y nadie puede explicar por qué. Es solo un hecho».

Su honestidad y su franqueza a la hora de reconocer y alabar a los referentes que admira —ya sea en su libro, en sus redes o en entrevistas— muestra que es alguien accesible y generosa, que nos permite nutrirnos de sus mismas fuentes. Parece evidente que todos los iconos de estilo han tenido a su vez referentes o han sido influidos por otras personas, pero, por lo general, desconocíamos quiénes eran. Ahora, gracias a internet resulta más sencillo obtener información tanto de ellos mismos como de lo que comparten, y podemos investigar sobre ello, algo que sin duda resulta muy inspirador. En el caso de Alexa, esto se multiplica, ya que comparte sus gustos personales y sus referentes de forma desinteresada y sin ponerse en el centro, lo que, para mí, la convierte en un icono todavía más especial.

En esencia, Chung encarna esa sensación única de esfuerzo sin esfuerzo: un ideal que parece natural y al mismo tiempo cuidadosamente calculado. Su estética captura un aire de despreocupación muy trabajada, una combinación de elegancia y desenfado que pocas logran dominar con tanta autenticidad. Admite que llegó a descubrir su propio estilo personal a través de un largo proceso de depuración y, una vez que se sintió cómoda con las formas que le convenían, pudo experimentar dentro de esa silueta.

Sus looks suelen tener un núcleo de simplicidad sobre el que construye el resto del mensaje. Ama los básicos, pero les imprime carácter a través de detalles inesperados. Camisas abotonadas, jeans de talle alto, blazers y vestidos con aires retro son parte esencial de su armario. A esto añade piezas únicas que rompen la monotonía: zapatos con diseño peculiar, bolsos *vintage* o un abrigo llamativo que eleva incluso los conjuntos más simples.

Ha reconocido que durante su infancia en el campo se sintió atraída por los caballos, el mundo de la equitación y toda la parafernalia que lo rodeaba. Solía vestir con pantalones pitillo, botas y sudaderas anchas. Ya en la adolescencia, las Spice Girls fueron su máxima inspiración —algo en lo que nos reconocemos muchas de las chicas de su generación— y pasó a llevar estampados como el leopardo, la bandera Union Jack o los zapatos de plataforma.

Con el paso de los años, Alexa se inclinó hacia un estilo más *casual* y relajado. Durante su época como presentadora en programas como *Popworld*, era común verla con minivestidos, faldas *skater* y zapatillas Converse. Su estética de entonces tenía un aire más joven, casi irreverente, con guiños a la cultura pop y un toque *grunge*. Las camisetas gráficas y los cárdigan *oversize* eran habituales, mostrando su afinidad por la comodidad sin sacrificar la originalidad. Ha reivindicado en muchas ocasiones la idea de que se puede llevar ropa cómoda o unisex sin comprometer tu feminidad o, en sus propias palabras, «vestirse como un chico, pero actuar como una chica».

A medida que crecía su popularidad, su estilo evolucionó hacia una sofisticación más pulida. Comenzó a ser habitual verla en eventos de moda, donde adoptó un enfoque más femenino y refinado. Sin embargo, su sello distintivo permaneció: Alexa siempre añade un elemento inesperado o ligeramente andrógino. Vestidos de encaje delicado combinados con botas desgastadas, trajes a medida con mocasines masculinos, o un vestido de diseñador acompañado por un bolso *vintage*. En esta etapa consolidó algunas de sus prendas icónicas: los vestidos estilo *babydoll* con cuellos Peter Pan, las camisas blancas de corte masculino y los zapatos tipo mocasín. Este periodo también marcó su estrecha relación con Mulberry, que diseñó el famoso bolso Alexa, inspirado en su estilo inconfundible.

La pieza nació en 2009 durante una reunión con el equipo creativo de Mulberry. Cuando vieron llegar a Alexa con un maletín *vintage* que había adquirido en una tienda de segunda mano, quedaron fascinados por el modo en que lo había estilizado. El maletín, combinado con su estilo relajado pero chic, inspiró el concepto del «Alexa Bag», un bolso que se convirtió en un fenómeno global. Chung confesó más tarde que le costó entender el impacto del bolso: «Es raro tener un accesorio con tu nombre, pero también es muy halagador».

Aunque la pieza realmente clave en su armario son los pantalones vaqueros de segunda mano. «Mi relación con mis pantalones vaqueros es increíblemente especial. Los meto en mi equipaje de mano cuando viajo porque temo que algún día nos separemos. Desde el día en que los encontré al acecho en una tienda de caridad de Brixton, nos hemos vuelto tan inseparables que, incluso cuando me los quito, todavía conservan la forma de mi trasero mientras se encuentran en el suelo de mi dormitorio. Los uso para vestir un top llamativo, como una alternativa práctica a los pantalones embarrados en los festivales y, a lo largo de los años, los he cortado cada vez más cortos para que ahora estén al borde de lo obsceno. Hasta que el denim se desintegre y se me caiga, estos pantalones cortos en particular se quedarán conmigo».

Sus apariciones en los festivales de música eran de lo más comentado. Además de las botas de agua para el barro combinadas con vestidos de encaje, estaba la prenda estrella: la clásica chaqueta Barbour. En su libro cuenta con mucho humor todo lo que necesitas y no necesitas llevarte a un festival: no necesitas un espejo, pero sí necesitas un Barbour para taparte y dormir un rato. Alexa Chung empezó a colaborar con Barbour en 2019 para lanzar una línea diseñada por ella que fusionara la funcionalidad clásica de la marca con su estética romántica y contemporánea. Inspirada en el campo inglés, la colección incluyó chaquetas enceradas, gabardinas y accesorios que reflejaban su amor por la naturaleza y el diseño atemporal. Desde mi punto de vista, esta colaboración es de las más coherentes y acertadas del mundo de la moda y mostró la versatilidad de Alexa para trabajar con marcas tradicionales y darles un giro moderno.

Desde entonces ha colaborado con marcas como Longchamp, Superga y Madewell. Las alianzas de Alexa Chung no solo han llevado su estilo a audiencias globales, sino que también han redefinido el concepto de las colaboraciones en la moda. Cada proyecto lleva su sello distintivo, mostrando su habilidad para transformar piezas clásicas en objetos de deseo contemporáneo. En un mundo de tendencias pasajeras, Chung ha demostrado que el verdadero estilo es atemporal, y sus colaboraciones son testimonio de ello. En palabras de su amiga, la diseñadora Stella McCartney: «Lo que me encanta de Alexa es que no sigue las reglas. No tiene miedo de experimentar, pero siempre se mantiene fiel a quien es. Eso es algo que admiro profundamente».

El estilo de Alexa ha madurado en los últimos años sin perder su esencia. Su estética ha virado hacia una sobriedad más contenida, con un enfoque en prendas atemporales. Ahora opta por pantalones de corte recto, blazers de tweed, gabardinas y vestidos con aires *vintage*. Las piezas de alta calidad y líneas simples han ganado protagonismo, aunque siempre equilibradas con accesorios que aportan un toque juvenil o irreverente. Y es que su estilo incluye elementos que remiten al uniforme escolar: faldas plisadas, calcetines altos y suéteres de punto. Alexa logra darles un giro adulto a estas piezas mediante combinaciones inesperadas. Chung ha mostrado también un interés creciente por la moda sostenible, incorporando más piezas *vintage* y ropa de segunda mano en sus conjuntos. Este giro hacia la atemporalidad y el consumo consciente refleja su capacidad para adaptarse a los tiempos manteniendo su autenticidad.

Ha tenido looks memorables que muchas veces ha comentado con humor. En los British Fashion Awards de 2011, Alexa apareció con un minivestido de encaje negro de Christopher Kane. Fue elegido de inmediato como uno de los mejores estilismos del evento. Sin embargo, lo más divertido llegó después: Chung admitió que se había olvidado de planear su *outfit* para la ocasión y había improvisado a última hora. «Lo vi, me lo puse, y pensé: "Bueno, supongo que esto funcionará"», bromeó más tarde. No importó. El vestido se convirtió en tendencia absoluta y se replicó en versiones accesibles para miles de fans.

En 2015, durante un evento en Londres, Alexa sorprendió a todos al llegar con un conjunto de pijama de seda de Olivia von Halle, combinado con tacones y un bolso estructurado. Aunque algunos pensaron que era un error estilístico, su capacidad para hacerlo lucir sofisticado convirtió el look en un éxito inesperado. Más tarde confesó que había elegido el conjunto porque no había tenido tiempo de cambiarse tras una siesta: «Pensé: "Si me van a ver en pijama, ¡que al menos sea de seda!"», y así nació la llamada «tendencia pijamera» en el mundo de la moda. Gracias, Alexa.

Además de la moda, Alexa incursionó en el mundo de la belleza con una colaboración en 2013 con Eyeko, una marca de maquillaje británica. Diseñó una línea de productos para ojos que incluía su característico *eyeliner* y máscaras de pestañas, perfectos para recrear su famoso look de ojos de gata. Alexa confesó que la línea era una extensión de su rutina personal y el *packaging* de los productos con un toque *vintage* chic encajaba perfectamente con su estilo.

Aunque muy discreta con su vida privada, mantuvo una relación de cuatro años con Alex Turner, el cantante de los Arctic Monkeys, en pleno apogeo del grupo. De hecho, ella inspiró algunas de sus canciones. En la época en que la música indie estaba en lo más alto, ellos fueron la pareja más influyente para toda una generación, y es que su estilo y su estética compartida influenciaron tendencias en moda y música. Se les vio juntos en numerosos eventos públicos, incluyendo ceremonias de premios, conciertos y desfiles. Se convirtieron en una pareja emblemática en el Reino Unido.

También trascendió su amistad con Karl Lagerfeld tras acudir a varios desfiles de Chanel. El diseñador vio rápidamente su inteligencia y su humor y consolidó su lugar como musa no convencional de la Maison. En sus propias palabras: «Alexa es la personificación del chic británico. Tiene una elegancia innata, pero no forzada, y eso la hace única. Su estilo parece casual, pero siempre está perfectamente equilibrado. Es moderna y atemporal a la vez».

Vogue UK le ofreció la oportunidad de estrenarse como columnista para la revista. No se equivocaron. Sus textos, llenos de humor y de observaciones agudas sobre la moda y la cultura, se hicieron tan populares que acabaron por convertirse en libro. Y es que Chung no es solo un icono de estilo, sino que ha evolucionado en un símbolo cultural. Su legado demuestra que la moda no se trata únicamente de prendas, sino de cómo estas cuentan historias, desafían normas y celebran la individualidad. Alexa nunca fue solo un rostro bonito ni una figura que abandera tendencias. Es una narradora, una observadora del mundo y una creadora que ha marcado su tiempo y madurado con él. A lo largo de los años, ha pasado de ser una joven *it girl* a una mujer que usa su plataforma para hablar sobre sostenibilidad, feminismo y la importancia de la individualidad en un mundo que a menudo valora el conformismo.

Alexa Chung es hoy una figura central en la cultura contemporánea. Asiste a desfiles, colabora con marcas y reflexiona sobre la vida con el humor autocrítico que siempre la ha definido: «No se trata de ser perfecta; se trata de ser tú misma, incluso si eso significa reírte de tus errores». Quizá esa sea la lección más importante que nos deja su historia: que la verdadera belleza, ya sea en la moda o en la vida, radica en la autenticidad.

ZENDAYA
EL CAMALEÓN DE LA MODA

«Zendaya es una de las jóvenes iconos que inspiran y emocionan al mundo con su gran sentido del estilo y es, sin duda, una de las más libres. Su instinto y su confianza han redefinido el glamour para toda una nueva generación».

Iman

Zendaya, una mujer que no necesita más presentación que su nombre de pila y que en los últimos años ha pasado de ser una chica Disney con fama relativa en su país a todo un icono global a base de trabajo duro, estilo y mucha coherencia. Sus apariciones en la alfombra roja son las más esperadas y se convierten en los momentos más virales de todas las galas y las entregas de premios, a pesar de que —hace no tanto— tenía que «colarse» en los *photocalls*.

La actriz ha emergido como un faro de estilo en el mundo de la moda contemporánea. Cada alfombra roja, editorial o sesión fotográfica que protagoniza es un poema visual que redefine lo que significa ser un icono en una era de constante cambio. Su estilo no es solo un desfile de telas y siluetas; es todo un relato que combina la historia, la identidad y la innovación.

Zendaya nació en 1996 en Oakland, en el seno de una familia de profesores. Siempre le atrajo el mundo del espectáculo y, siendo niña, se apuntó a clases de teatro, participó en grupos de baile y cantaba siempre que tenía ocasión. Disfrutaba encima del escenario y se le daba bien, pues ya con once años recibió muy buenas críticas por su papel en una obra de teatro. Con una complexión similar a la de una modelo —1,78 de altura, delgada y con una belleza de rasgos muy especiales—, ejerció esporádicamente como modelo infantil posando para marcas americanas como Old Navy o Macy's.

Cantaba, bailaba, interpretaba... Parafraseando a Paquita Salas, era «una actriz 360» que reunía todo lo necesario para convertirse en una chica Disney. Su aventura en el popular canal comenzó en 2009 tras presentarse a un *casting* para la serie *Shake It Up*, en la que encarnó el personaje de Rocky Blue durante varias temporadas. Parece inevitable que la mayoría de nosotros la veamos solo como una actriz, pero lo cierto es que, durante todos esos años, Zendaya compaginó varias disciplinas en su carrera: además de su papel en televisión, publicó algunos álbumes con canciones tan premonitorias como *La moda es mi kriptonita*, cuya letra dice: «*Caminando por la pasarela, como un V.I.P. / Es fácil de ver / Que tenemos estilo en las venas / Porque la moda es lo que respiramos*». Tenía dieciséis años y le interesaba la moda, que siempre estuvo presente en su universo. Algún tiempo después fue jurado del programa *Pasarela a la fama* en el que compiten varios diseñadores.

Dio el salto a la gran pantalla en 2017 con la película *Spider-Man: Homecoming* en la que conoció a Tom Holland. Según dicen, a pesar de su juventud, ella cogió las riendas de su carrera y tomó decisiones arriesgadas como la de presentarse al *casting* sin maquillar o añadir detalles personales al personaje. Tenía las cosas claras y una buena reputación como profesional, quizá por ello consiguió evitar la maldición de las chicas Disney y no convertirse en otro juguete roto.

El papel que sin duda encumbró a Zendaya es el de Rue en *Euphoria*. La serie de HBO conectó con una generación de jóvenes que veneran a los personajes protagonistas. Tanto su particular fotografía como su marcada estética han sido muy influyentes. Detrás de este éxito hay un magnífico trabajo de vestuario y maquillaje; sus coloridas sombras de ojos pasaron a ser una de las mayores tendencias de ese año y reconozco que yo misma he dicho cosas como «me voy a hacer un maquillaje *Euphoria*». Heidi Bivens, la mujer detrás del vestuario de la serie, creó personajes muy icónicos a la vez que bien integrados. Se apoyó en marcas con mucha presencia en Instagram, que conectaban con la generación Z, e implicó también a los propios actores, que aportaban elementos de sus armarios, como las Converse de Zendaya. Rue es un personaje gris y problemático, pero pura inspiración desde el punto de vista del estilo. Gracias a él, Zendaya obtuvo su primer Emmy por una serie dramática, convirtiéndose en la persona más joven en recibirlo.

En 2018 —antes de ser la estrella de las alfombras rojas— la edición británica de *Vogue* la nombró la mujer mejor vestida por algunas de sus apariciones. La actriz ha contado en entrevistas que tuvo que hacerse hueco en *photocalls* a los que no había sido convocada. Y es que, aunque ya era una actriz muy popular, la alfombra roja sigue dinámicas muy particulares y no todos los invitados a este tipo de eventos tienen invitación para posar en ella: depende de si están nominados, si tienen un rol activo e importante en la gala, etc. Así sucedió en los Grammy de 2015, en los que iba vestida de Vivienne Westwood: «He estado muchas horas preparándome y llevo un precioso vestido. Voy a conseguir la foto». Esta anécdota revela de forma muy clara lo mucho que Zendaya valora y aprecia la importancia de una fotografía como esa, así como el trabajo en cadena que hay detrás: estilista, maquilladores, peluqueros, marcas, relaciones públicas... Todo un equipo del que ella es imagen.

Decidió crear su propia marca —primero de zapatos y después también de ropa— con el nombre Daya by Zendaya, el apodo con el que la conocían de niña. La filosofía de Daya no entendía de géneros y abarcaba una gran cantidad de tallas, algo coherente con su propia experiencia, ya que ha contado en ocasiones que, desde su infancia, sus padres le permitieron desarrollar su propio estilo en el que ella proponía prendas de la sección femenina y masculina indistintamente. Otro de los aspectos destacables de sus creaciones era el precio, acorde a las necesidades de su público: «Personalmente, creo que, cuando se trata de mi estilo, me encanta mezclar cosas de alta gama con otras más asequibles. La verdad es que mi grupo demográfico, la gente con la que hablo y mis compañeros jóvenes no pueden permitirse unos zapatos Louboutin o una chaqueta de quinientos dólares. Es poco realista. Así que quiero darles la sensación de lujo y ofrecerles algo que les siente bien y sea de calidad, pero que al mismo tiempo sea asequible, para un presupuesto real».

A la actriz le inspiran las personas creativas que desarrollan su propio estilo. Ella siempre ha sido de usar prendas y complementos de lujo pertenecientes a las marcas con las que trabaja, mezcladas con otras marcas mucho más asequibles. Y, por supuesto, ponerse sus inseparables Converse hasta que se rompen. Su estilo personal hace que luzca maravillosa tanto en una alfombra roja vestida de lo más glamuroso, como en sus sencillos looks de diario más parecidos a su estilo en *Euphoria*. En cierto modo se trata también de interpretar diferentes personajes, y esto ella lo hace a la perfección.

Para entender cómo y por qué Zendaya se ha convertido en el icono de estilo más importante de la última década es imprescindible conocer a su estilista, Law Roach. El trabajo conjunto que han realizado es digno de elogio y un claro ejemplo de tándem perfecto que crea looks icónicos y que recuerda a otras duplas legendarias en Hollywood, como la que formaron Audrey Hepburn y Hubert de Givenchy. En 2021 *The Hollywood Reporter* definió a Roach como el estilista de las estrellas más influyente. Es el primer afroamericano que lo ha logrado.

Zendaya y Law Roach se conocieron gracias a un amigo en común con su padre —y mánager— cuando ella tenía solo catorce años. Me la imagino enfrentándose a sus primeras apariciones y preguntándose: «¿Qué tengo que ponerme?». Contar con un profesional del sector fue una decisión inteligente ya que una muchacha tan joven en la industria del espectáculo necesita ayuda y rodearse de gente con experiencia.

Law entró en el mundo del estilismo de manera fortuita y por la puerta grande, no desde abajo ejerciendo de asistente como hacemos la mayoría. Tenía una tienda de ropa *vintage* en Chicago a la que solía acudir Kanye West. El cantante descubrió su buen ojo para la moda y le pidió que se encargara de los estilismos de una de sus giras. Fue un gran éxito que le abrió la puerta a trabajar con otras *celebrities* de la talla de Ariana Grande o Céline Dion, a la que transformó por completo.

Su primera colaboración tuvo lugar en el estreno del documental de Justin Bieber, para el que vistió a Zendaya con una minifalda de piel y una blazer plateada. Un look que, visto en perspectiva, era muy acertado para el momento y los catorce años que tenía Zendaya. Ambos recuerdan de aquella época las dificultades para obtener lo que deseaban: contaban con un presupuesto modesto y además ella no era una actriz tan conocida como para que muchas marcas le prestaran ropa. Quién les iba a decir que años después las marcas de lujo desearían que llevara sus diseños... En una fiesta de *Teen Vogue*, tuvieron que bucear en su armario de adolescente y crear un look a partir de la chaqueta de su fiesta de «Sweet 16». También sufrieron en la 56 edición de los premios Grammy, una de sus primeras grandes alfombras rojas, para la que finalmente consiguieron un vestido de Emanuel Ungaro por el que Law tuvo que luchar muchísimo. De hecho, tal y como ha relatado el estilista recientemente, recibió tantos «noes» de las grandes marcas como Chanel, Saint Laurent, Gucci o Dior, que ahora son ellos los que suelen devolverles el «no» y apostar por otras firmas. Los relaciones públicas de las grandes marcas no supieron ver el potencial de la actriz y su inminente transformación en todo un icono.

Otras, sin embargo, tuvieron una mejor intuición y comenzaron a contar con ella como imagen y colaboradora. En 2018 Tommy Hilfiger la fichó como embajadora y le permitió crear dos colecciones cápsula de Tommy x Zendaya para las que se inspiró en las mujeres icónicas de los años setenta. También ha sido embajadora de otras marcas de moda y belleza como Lancôme, Bvlgari, Valentino o Louis Vuitton. Con Roach como consejero, ha dotado a sus colaboraciones de mucha personalidad y buen gusto.

La conexión entre ellos es fantástica. Zendaya compartía estas bonitas palabras sobre él en su Instagram: «Eres más que mi estilista, eres mi alma gemela creativa. Mi arma (no tan) secreta y mi hermano mayor», a las que él correspondía diciendo que eran «almas gemelas de moda». En su caso, esa sintonía ha constituido uno de los ingredientes del éxito para crear looks icónicos. Law ha reimaginado lo que significa ser estilista de famoso, recuperando la relación de cercanía, amistad y confianza como la que existió entre las grandes divas de Hollywood con los diseñadores y los directores de vestuario. Como consecuencia de ello, el estilista ha conseguido un protagonismo y una fama inusual para un trabajo como el suyo, que suele quedar en segundo plano, motivo por el que ha sido criticado en muchas ocasiones.

Juntos han hecho magia con sus looks de la gala MET, el evento más importante en el mundo de la moda, haciendo de su aparición una de las más esperadas y comentadas de los últimos años. Desde el maravilloso homenaje a Juana de Arco creado para ellos por Versace —que es de mis favoritos de esta gala— hasta su simbólica reinterpretación del cuento de Cenicienta en 2019. Tommy Hilfiger recreó literalmente el vestido e incluyó una sorpresa: cuando el hada madrina —Law Roach— agitaba su varita mágica, el color gris se transformaba en azul brillante. Esta performance suponía toda una declaración de intenciones: Zendaya se despedía así de su niñez y de su periodo como chica Disney para afrontar una nueva etapa de madurez como mujer y como actriz, abandonando su zapato de cristal sobre la alfombra roja. El hecho de que Roach participase en el show y saliera con ella en casi todas las fotografías mandaba un mensaje claro sobre su trabajo como dupla.

No era la primera vez que contaba con él como «figurante», pues ya lo había hecho en sus primeras fotografías para la revista *Vogue* en 2018. En aquella ocasión no fue el responsable de vestirla para el editorial, pero sí contaron con él para crear el estilismo de la portada de la edición británica de *Vogue* en 2021. «¡¡¡Sin duda la portada más importante de mi carrera!!!», dijo emocionado Law en sus redes. Desde ese momento, ambos eran ya inseparables a ojos de los demás. Contar con ellos era sinónimo de éxito por eso, aunque Roach nunca había trabajado en vestuario de cine, fue propuesto por el director de la película *Malcolm & Marie*, que también se encargaba de *Euphoria* y tenía claro que era el indicado para ese trabajo.

«Siempre tuve claro que no quería vestir a chicas bonitas con vestidos bonitos, sino construir imágenes», declaró Roach a *Los Angeles Times*. Y es precisamente esa labor de contar historias, de ir más allá, lo que le ha llevado a alcanzar el éxito con todas sus clientas. Él se considera un «arquitecto de moda» y, en ese afán por construir relatos, ha utilizado un recurso muy efectivo que ha convertido a la pareja en los reyes de la viralidad. Se trata del «método de vestir» o *method dressing*, que consiste en emplear las referencias de la película que va a promocionar Zendaya, muchas veces de manera literal.

Empezaron a jugar esta baza desde la *première* de *El gran showman*, a la que acudió vestida con una americana satinada roja, similar a la del protagonista. Han perfeccionado la técnica con el tiempo, creando estilismos especiales para los estrenos de *Spiderman*: un vestido rojo y negro —los colores del superhéroe—; una maravillosa maxiblazer adornada, al igual que las medias, con aplicaciones plateadas que hacían el efecto «tela de araña» creado por McQueen; pendientes de telarañas, o un vestido de alta costura de Valentino personalizado, cosido con telas brillantes que recreaban esa misma ilusión.

En el caso de *Dune* han elegido para todos los actos promocionales de la película looks de inspiración futurista que han sido un éxito rotundo. Han arriesgado mucho y han acertado. Zendaya tuvo la idea de ponerse el traje robot de Mugler —que a su vez estaba inspirado en otra película de tintes futuristas como es *Metrópolis*—, un diseño de 1995 que es una de las piezas de archivo más espectaculares que se pueden encontrar. Lo más comprometido de esta operación tenía que ver con la enorme complejidad del diseño, lleno de piezas rígidas y bisagras. Para sorpresa de todos, el destino quiso que encajara a la perfección en su cuerpo y el impacto fue mayúsculo. Otro de mis favoritos es el arquitectónico vestido blanco de lentejuelas, diseñado por Rick Owens, mezcla perfecta entre elegancia y ciencia ficción. Tras esta buenísima elección para la *première* de *Dune*, las búsquedas en internet de vestidos de lentejuelas aumentaron un 151% mientras que las búsquedas sobre Rick Owens crecieron un 212%, un claro ejemplo de la influencia que pueden ejercer con solo un vestido.

Han mantenido la misma dinámica para el estreno de *Challengers* jugando con múltiples referencias al mundo del tenis en los looks. Los zapatos de Loewe con una pelota de tenis en el tacón fueron un fenómeno de lo más viral. Lo cierto es que el tándem Zendaya-Roach no inventó vestirse al estilo de la película, pero sí podemos afirmar que han hecho de este método toda una técnica perfeccionada. Ambos han reconocido la suerte que tan tenido de haber participado en películas que incluyen referencias tan ricas. Además, Zendaya ha contado en varias entrevistas cómo esto le sirve para meterse en el personaje y superar su carácter introvertido: «La moda es algo que siempre he utilizado como válvula de escape, como herramienta. En última instancia, creo que soy una persona tímida, así que me permite crear esta persona, este personaje en el que vivo durante el día».

Se ha revelado como una estrategia de marketing para la promoción, un golpe de efecto que consigue la tan ansiada viralidad, multiplicando así el número de gente que descubre la película gracias a los looks de la protagonista en el estreno. Es algo que en los últimos años se ha puesto muy de moda, como pudimos comprobar durante la promoción de *Barbie*, en la que Margot Robbie hacía referencia al personaje en todas sus apariciones públicas. No obstante, requiere un gran trabajo de estilismo nada fácil de conseguir, ya que el peligro de caer en el disfraz es elevado.

Desde mi punto de vista, otra de las claves de su éxito reside en la utilización de prendas *vintage* o de archivo para las alfombras rojas, ejercicio muy en boga en los últimos tiempos. Para Law es un movimiento lógico y natural, ya que sus orígenes se remontan a una popular tienda *vintage*: «La ropa bonita debería vivir la vida más larga posible y tantas vidas como sea posible. No deberían permanecer dormidas en un armario». Por su parte, Zendaya considera todo un honor resucitar los looks que han vestido grandes estrellas, ya sea el traje de rayas de Valentino que llevó Linda Evangelista en 1992 o el etéreo vestido de Versace que lució Beyoncé en los Bet Awards de 2003.

Peinados y maquillaje son también otro punto fuerte para armar el look. Se atreven con todo: corte bob, pelo liso, trenzas, flequillo... y hacen un gran uso de las pelucas, que resultan ser el complemento perfecto para los estilismos. El pelo además puede ser toda una declaración de intenciones, como la decisión de llevar su pelo «afro» natural a la gala MET de 2017 y otras ocasiones en las que ha rendido homenaje a sus raíces afroamericanas luciendo trenzas. También asistió con rastas a una gala de los Óscar, lo que motivó unas desafortunadas declaraciones por parte de la periodista Giuliana Rancic en las que dijo que ese peinado le hacía parecer que olía a marihuana o aceite de pachulí, comentarios de claro tinte racista. La actriz se tomó su tiempo para responder en sus redes sociales: «Existe una línea muy fina entre lo gracioso y lo irrespetuoso. Alguien comentó algo sobre mi pelo en los Óscar que me dejó boquiabierta. No porque estuviera disfrutando de las críticas entusiastas sobre mi vestimenta, sino porque me golpearon con insultos ignorantes y una absoluta falta de respeto». Zendaya se ha destacado como activista en este sentido y, junto a Law, se han referido en muchas entrevistas a la importancia de la representación y de crear imágenes en esa dirección. «La forma en que ocurre el cambio es cuando la gente puede ver la riqueza y la grandeza de una manera que no está acostumbrada a ver», declaró el estilista tras la publicación de unas fotografías de la actriz al más puro estilo *Old Hollywood*.

Para sorpresa de todos, el estilista comunicó en 2023 que se retiraba. Había sufrido una desgracia familiar y acusaba el desgaste de trabajar en un mundo tan complicado como el de la moda, al que tachó de demasiado frívolo y exigente. A pesar de que ha parado su actividad con el resto de las clientas para descansar, su marcha no le ha impedido seguir trabajando para Zendaya. Según ha explicado en una entrevista a *The New York Times* se trató de una decisión de lealtad: «¿Cómo puedo cerrar y abandonar a alguien cuando soy el único estilista que ha tenido en toda su vida? Ella es, literalmente, la única clienta con la que digo: es mi familia. Y sé lo que significo para ella porque siempre me lo dice».

En 2021 Zendaya recibió el premio Fashion Icon Award desde la CFDA (Council of Fashion Designers of America), uno de los mayores reconocimientos del sector. Es un galardón que tienen figuras de la relevancia de Naomi Campbell o David Bowie, y el hecho de que lo recibiera a la temprana edad de veinticinco años deja muy claro su estatus de icono.

¿Sería Zendaya el mayor icono actual sin Law Roach? El tiempo que supone el conocimiento exhaustivo de las colecciones de todos los diseñadores, el descubrimiento de marcas nuevas, los contactos con los relaciones públicas, el trabajo de adaptar cada look con sus cambios, el transporte y la logística de las piezas, la búsqueda de complementos... es una tarea ingente que ninguna estrella como ella podría asumir. Por eso figuras como la de Roach resultan imprescindibles. Y, sin embargo, nada de esto habría sido posible sin el majestuoso porte de la actriz, su gusto por la moda, sus ideales férreos, su belleza y el saber mantenerse fiel a sí misma. Queda claro que su fórmula funciona porque ella es una mujer llena de personalidad, que sabe conectar con la gente, adaptarse a cualquier situación y convertir en oro todo lo que toca. Por eso estoy segura de que seguirá dando lecciones de estilo durante muchos años más.

Zendaya no es una estrella que se limite a un molde; ella es un camaleón de la moda. Desde el glamour clásico de Hollywood hasta los diseños futuristas que desafían las convenciones, su vestuario está siempre fluyendo hacia nuevas direcciones. Cada nueva elección parece una declaración, un recordatorio de que la moda es arte en movimiento.

CRÉDITOS DE LAS IMÁGENES

P. 19
Busto romano de Cleopatra esculpido en mármol en el que puede observarse el cabello ondulado y recogido con una diadema. (S. I a.C.) – Museo de Pérgamo, Berlín. © Bridgeman Standard / ACI.

P. 33
Detalle del *Mosaico del Cortejo de la emperatriz Teodora*. En él se aprecia el lujoso tocado con diadema adornado con perlas y piedras preciosas. (S. VI d.C.) – Basílica de San Vital en Ravena. © ACI.

P. 45
María Antonieta con la rosa es el célebre y escandaloso retrato pintado por su amiga Élisabeth Vigée Le Brun en el que la reina posa con la *chemise à la reine,* considerada indecorosa por el pueblo francés. (1783) – Colección del Palacio de Versalles. © Heritage Image Partners / ACI.

P. 63
Retrato de Eugenia de Montijo vestida por el diseñador Charles Frederic Worth. Edouard-Louis Dubufe, Musée du Château, Compiègne. © 2025 Photo Josse / Scala, Florence.

P. 77
Retrato de Cléo de Mérode con el característico peinado que cubría sus orejas. (1905) – Bibliothèque des Arts Décoratifs, París. © 2025 DeAgostini Picture Library / Scala, Florence.

P. 91
La diseñadora francesa Coco Chanel fotografiada en su villa de la Riviera francesa con su perro Gigot. Contribuyó a la liberación de la mujer diseñando prendas ligeras y cómodas como el pantalón y sus célebres camisetas como los que luce en la imagen. (c. 1930). © Granger Collection / ACI.

P. 105
La actriz Louise Brooks popularizó el corte bob entre las mujeres. (1925) © Album.

P. 117
Marlene Dietrich ataviada con traje de chaqueta, boina y guantes en Hollywood. (1933) © Album.

P. 131
La actriz Audrey Hepburn vestida de Givenchy © Zuma Press WIRE / ACI.

P. 143
Jackie Kennedy durante su visita oficial a París en 1961. En la imagen viste un Alaskine (lana y seda) creado por Oleg Cassini y un sombrero Pillbox creado por Roy Halston Frowick. © Bridgeman Standard / ACI.

P. 159
Brigitte Bardot durante el rodaje de *Le Mépris*, de Jean-Luc Godard, en 1963. © Imago People+News+Archive / ACI.

P. 173
Twiggy posando con una minifalda de cuadros en octubre de 1966. © Album / Alamy.

P. 185
Gloria Steinem con sus inseparables gafas de aviador en un acto en 1975 © ACI.

P. 197
Bianca Jagger asiste a una fiesta en Studio 54 vestida de Halston. Nueva York, 12 de diciembre de 1977. © WWD / Penske Media / Getty Images.

P. 209
Madonna con el icónico corsé diseñado por Jean-Paul Gaultier para su gira Blonde Ambition. 1990. © Album / Bridgeman Images.

P. 223
Carolyn Bessette-Kennedy en la Gala Anual de Recaudación de Fondos del Museo Whitney de Arte Estadounidense. Nueva York, 1999. © Evan Agostini / Hulton Archive / Getty Images.

P. 235
La princesa Diana enfundada en el espectacular modelo diseñado por Christina Stambolian y conocido como «vestido de la venganza». Londres, 1994. © Princess Diana Archive / Hulton Royals Collection / Getty Images.

P. 251
Kate Moss saliendo de los estudios Tram. Londres, 2003. © Mike Marsland / WireImage/ Getty Images.

P. 265
Alexa Chung en el festival de Glastonbury con uno de sus imprescindibles: la chaqueta Barbour. 2024, Glastonbury © Samir Hussein / WireImage / Getty Images.

P. 279
Zendaya llegó a la *première* de *Dune* con un vestido blanco de lentejuelas de inspiración futurista diseñado por Rick Owens. Londres, 2021. © Imago People+News+Archive / ACI.

AGRADECIMIENTOS

Este libro no habría sido posible sin la inspiración de las mujeres que lo protagonizan y sin quienes, a lo largo del tiempo, se dedicaron a contar sus historias para que su legado llegara hasta nosotros.

Gracias a Plaza & Janés por confiar en mí para dar forma a un proyecto que, hace unos años, ni siquiera me habría atrevido a imaginar. Y a Virginia, por estar a mi lado durante el proceso, respetando siempre aquello que para mí era esencial.

Gracias también a todas las personas que, durante este año de trabajo, me ofrecieron sus mejores consejos, escucharon mis dudas y disiparon mis miedos. En especial, a mis amigas y a Álex: creíais en mí incluso cuando yo no podía.

EREA
LOURO

Graduada en Comunicación y especializada en moda, campo en el que se ha convertido en uno de los referentes más destacados de nuestro país. Con una larga trayectoria, ha trabajado como estilista para grandes marcas y medios. Fue pionera con su blog *All that she wants*, que empezó en 2008 y que lleva el mismo nombre que su pódcast, estrenado en 2023. En ellos y en su cuenta de Instagram @erealouro, una de las más influyentes del sector, comparte su conocimiento y pasión por la moda.